I0766556

Was Deutschland noch zusammenhält

Eine Gesellschaft zwischen post-moderner Ethik, Migration,
Selbstdarstellung und Integration.
Eine erziehungswissenschaftliche Analyse

Peter Bernhard

ISBN: 9781796289572

Imprint: Independently published

Einführung

Die deutsche Gesellschaft driftet auseinander. Sie teilt sich immer mehr in verschiedenste ethnische, kulturelle, religiöse, berufliche, durch das Internet verbreitete Identitäten und Subkulturen. Die politischen Lager stehen sich immer unversöhnlicher gegenüber, besonders wenn sie den Mainstream-Korridor des Denkens und der Sprache links oder rechts verlassen haben. Die Debatten gehen heute nicht mehr zwischen Konservativ, Liberal und Sozialdemokratisch, sondern zwischen richtig und falsch. Es gibt einen ständigen Kampf darum, wer die Oberhoheit über das gerade gültige moralische Imperativ besitzt. Die Verrohung der Sprache in den sozialen Medien hat zu einer Atmosphäre der Angst und des Misstrauens geführt. Die Meldungen von Verbrechen durch Migranten führen zu einer Überhitzung der Migrationsdebatte, die einerseits von rechter Hysterie und andererseits von linker politischer Diskussionsverweigerung flankiert werden. Nach den offiziellen Statistiken senkt sich die Amplitude der Kriminalstatistik nach unten. Es gibt dann also weniger Gesetzesverstöße als vor zehn oder zwanzig Jahren. Dies ist vielleicht auch deshalb so weil in vielen zugezogenen muslimischen Familien oder Gruppen Gewalt gegen Frauen nicht angezeigt wird, weil diese dort noch mehr akzeptiert wird, als im Westen. Die wirklichen Verbrechen sind nicht das Problem, sondern die Angst, die Medien, Internet und auch die fremden Gesichter im Straßenbilden bei vielen verursachen.

Es gibt drei Wellen der Veränderung, die Deutschland und viele andere Länder in Europa treffen. Es ist erst einmal die Migration, besonders aus Ländern die kaum mit Dingen wie

Demokratie, der Gleichberechtigung der Frau und freier Selbstbestimmung vertraut sind.

Zum zweiten ist es die technische Revolution durch die künstlichen Intelligenz, die in den nächsten fünfzig Jahren und darüber hinaus zu dramatischen Veränderungen in der Gesellschaft führen wird. Die Arbeitsanforderungen werden sich alle zehn Jahre verändern, so dass Arbeitsbiographien sich nur für solche Abschnitte planen lassen, wie es der israelische Autor Yuval Noah Harari in seinem Buch „21 Lektionen fürs 21. Jahrhundert" beschreibt. Die ersten gen-technisch veränderter Babys wurden gerade in China geboren. Der menschliche Körper scheint von viele Optimierungsmöglichkeiten zu bieten, wenn man den Durchschnittsmenschen mit dem vergleicht, was die Werbeindustrie uns präsentiert, wobei sie sich immer wieder bei Leni Riefenstahls „Olympia" zu bedienen scheint. Zur technischen Revolution gehört auch das Internet, das Menschen in Verbindung bringt, die in weit entfernten Milieus leben, aber auch jene voneinander trennen kann, die Nachbarn sind, weil beide plötzlich in verschiedenen Deutungs-Welten, leben.

Die dritte Welle der Veränderung und die wohl dramatischste werden durch den Klimawandel kommen. Einen ersten Geschmack dafür, dass es Katastrophen nur anderswo geben wird, haben die Deutschen im Dürresommer 2018 erhalten, der nach einem verregneten Somme 2017 geschah. Die Lastschifffart auf dem Rhein und der Elbe brach zusammen, was zu Versorgungsengpässen führte. Die eigentliche Veränderung steht uns aber noch bevor. Die hat mit dem Kollaps des antarktischen Eisschildes zu tun, dass sich in immer schnelleren Tempo vollzieht. Auch das Grönlandeis schmilzt schnell. Es allein wird zu einem Anstieg des Meeresspiegels von 7 Metern führen, die Antarktis zu weiteren 60 Metern. dass die Meere nicht schon um einige Zentimeter höher liegen, ist den Wissenschaftlern ein Rätsel. Ein Teil des abschmelzenden

Wasser verschwindet scheinbar im Erdinneren, wofür es noch keine gute Erklärung gibt. Es ist aber anzunehmen, dass es mit diesem kleinen Wunder bald vorbei ist und das Wasser dann auf die Küsten trifft. Wenn dies schnell geschieht, wie schon mehrmals am Ende von Eiszeiten - wir reden hier von wenigen Jahrzehnten nicht Jahrhunderten, wie man uns weismachen möchte - dann kann dies die Existenz der westlichen Zivilisation insgesamt gefährden. Allerdings postuliert die Wissenschaft auch einen gegenläufigen Trend im Weltklima. Dieser hat mit der Häufigkeit von Sonnenflecken zu tun und der Vermutung, dass uns eine kleine Eiszeit bevorsteht, wie schon zweimal in der neueren Geschichte. Diese könnte das Eis der Antarktis stabilisieren. Die Ozeane sind jedoch auch bedroht durch Übersäuerung durch atmosphärisches CO^2 (Bei einem Anteil von 0.038% CO^2 in der Atmosphäre) wovon, Erwärmung, Überfischung und den Plastikmüll, der in großen Mengen auf den und in den Ozeanen treibt und nach einiger Zeit durch Reibung und UV-Licht in Mikroteilchen zerfällt, um dann als die sogenannten Tränen der Seejungfrauen, die ganze Nahrungskette zu durchlaufen, nicht ohne dabei viele Lebewesen zu schädigen oder zu töten. Mit 90% des Plastikmülleintrag in den Pazifik ist auch hier China das Monster unserer Zeit. Dieses Land ist ein Überwachungsstaat ohne jede Skrupel, der nach der Welt greift und mit dem alle Handel treiben, der nicht davor zurückschreckt Millionen Menschen zu verfolgen, wie Künstler, Blogger, Aktivisten wie auch Falun-Gong-Sekte, die eine taoistische Massenbewegung in China gewesen ist oder die Moslems in den westlichen Provinzen. Die Organspendeindustrie mag sich über das Verschwinden Tausender gefreut haben. Der Westen hat dem Erwachen des Gelben Drachens zugesehen, auch dem massenhaften Raub von Know-How. Erst Präsident Trump, so katastrophal seine Politik auch sonst erscheinen mag, versucht hier noch die Notbremse zu ziehen. Aber China ist zusammen mit Russland schon die stärkste Macht in Eurasien und der Welt. Der Blick dieser beiden Länder wendet sich immer weiter über die eigenen Grenzen hinaus. China wird Taiwan zurückzwingen ins Reich und Russland wird den Westen immer stärker bedrohen. Dank Obamas Kopf-in-den-Sand-Politik in Syrien haben Russland und Iran dort ein riesiges Aufmarschgebiet gewonnen. Ironischerweise ist Assad als Sieger dieses Krieges für den Westen die beste aller schrecklichen Lösungen. Dies sind nur einige Beispiele für globale Veränderung die zu einem großen Machtverlust für Europa geführt haben und weiter führen werden. Was hält unsere Gesellschaft nun aber noch zusammen? Welche Bindekräfte sind stark genug um die Gezeiten der Geschichte noch eine Weile zu überstehen und eine gewisse Einbindung der auseinander strebenden Kräfte in die Gesellschaft zu erzwingen? Diese Bindungskräfte haben jedoch nur eine begrenzte Macht. Wenn auch nur einer der Wellen der Veränderung ein bestimmtes Maß übersteigt, brechen die beschriebenen Mechanismen zusammen und die Gesellschaft fällt auseinander.

Ethische Entwicklung und Medien

Dieses Buch wird sich also mit der Frage beschäftigen, welche Mechanismen sich in unserer Gesellschaft dem Auseinanderdriften widersetzen. Auch werden wir einen Blick auf die Perspektiven der Ethik werfen. Es gerieten vor allem die Zwänge unserer Gesellschaft in den Blick und damit die Frage, ob die heutigen gesellschaftlichen Entwicklungen noch genug Freiraum für eine fundierte ethische Entwicklung lassen, die Gemeinschaftssinn erst ermöglichen. Das was man gerne als Mainstream Medien bezeichnet, einen Diskurs, der von der Öffentlichkeit akzeptiert wird, propagiert heute ein stärkeres moralisches Imperativ als noch zu Zeiten der alten Bundesrepublik. Dazu zählt auch die Gepflogenheit, den Wortschatz ständig zu säubern und Wörter aus dem akzeptierten Sprachgebrauch herauszuwerfen, weil sie von den *andern* (den Rechten und den Verschwörungs-theoretikern) gebraucht werden. Zu diesen neuen Unwörtern gehört auch das Wort *Mainstream*. Es wird in der Tat oft von Verschwörungstheoretikern gebraucht. Das Verschwörung bedeutet eine große *Konzentration* von finanzieller und politischer Macht. Wer dem Geld folgt wird schnell sehen, dass die Kontrolle über die wichtigsten Medien, Banken und Wirtschafts-Konglomerate in der Hand weniger zusammenlaufen; etwa 300 Männern. Nun wäre dagegen ja nichts einzuwenden, wenn diese die Menschheit wie zum Beispiel Jesus ohne wenn und aber liebten. Aber tun sie das? Oder verfolgen sie nicht auch eigene Interessen? Was wir also auf der Erde heute sehen also ohne Zweifel ist eine *strukturelle* Verschwörung. Wir wissen aber nicht sicher, was diese Leute mit ihrer unglaublichen Macht anfangen und welche Bereiche unseres Lebens von ihnen bereits infiltriert sind.

Aber zurück zu den Gruppen am Rand der Gesellschaft:

Die Gelassenheit mit der man in Amerika die Gruppen am rechten Rand lange betrachtet hat, weicht langsam einem

Gefühl der Bedrohung. Jedoch haben die USA eine ganz andere Vergangenheit mit Extremisten als die Deutschen. Dort sind diese nie an die Macht gekommen mit kurzen Ausnahmen, wie die der Prohibition (des Alkoholverbots) und die der McCathy-Zeit, in der viele Intellektuelle verdächtigt wurden, Kommunisten zu sein. Deutschland ist ein gebrannte Kind. Es kann mit seiner Vergangenheit nicht so entspannt mit Extremen Anschauungen umgehen, so glauben viele. Auch steht Deutschland unter der ständigen Beobachtung des Auslands. Dieser unausgesprochene von außen und innen Druck „gut zu sein", also eine vorbildliche Demokratie sein zu sollen, kann bestimmte Tendenzen des Extremismus noch verstärken. Vielen Wutbürgern mögen einfach aus Prinzip gegen die politisch korrekte Sprache protestieren, weil sei fühlen, dass hier unsichtbare Netze um die freie Meinungsäußerung gespannt wurden. Gerade ehemalige DDR-Bürger mögen bei Dingen wie einer vorgeschriebenen Sprache hier feinfühliger. Vielleicht sind sie einfach auch unempfindlicher gegenüber rechten Parolen wie „Volksverräter" weil sie keine demokratische Tradition kennen. Es ist wohl so, dass viele auch das deutsche Strebertum nervt. Das macht Vereinbarungen wie den Flüchtlingspakt auch gefährlich, weil Deutschland alles gleich wörtlich nehmen wird und sich in der Position sieht die Welt retten zu müssen, wegen einer historischen Schuld, die es, wie angenommen wird, noch immer hat, obwohl es im aktuellen Strafrecht so etwas wie „Sippenhaft" nicht gibt. Ich will hier keinem Geschichts-revisionismus das Wort reden. Ich will nur das Wort „Schuld" in diesem Zusammenhang hinterfragen. Ich halte Schuld generell für etwas Zerstörerisches, wenn es nicht zu Reue führen kann und damit zur Veränderung. (In der katholischen Kirche werden in jeder Messe noch immer die Worte „meine Schuld, meine Schuld, meine große Schuld" hergesagt, womit sowohl eine Erbsünde und eine Mitschuld am Tod Christi gemeint ist und womit die Leute klein gehalten werden sollen) Die Nachgeborenen können jedoch nichts an der Vergangenheit ändern und sind auch nicht für diese verantwortlich. Sie können und sollten sich verantwortlich dafür fühlen, dass so etwas nicht wieder geschieht. Alles andere ist eine Überforderung eines ganzes Volkes. Der Moralismus des Mainstream-Diskurses erzeugt den Zwang, das richtige zu sagen und zu denken. Dieser moralische Sprachkorridor dessen was als korrekt betrachtet wird, besteht immer noch trotz der Verstärkung von rechten Parolen in den öffentlich-rechtlichen Medien.

Was die Gesellschaft zusammenhält, ist ethisches vorhersagbares Handeln, nicht aber moralisches Denken darüber, wie andere sich zu verhalten haben. Ob die Medien mit ihrer Gesinnungspropaganda dazu beitragen, kann man bezweifeln oder auch nicht. Die Bürger lieben es jedenfalls nicht, wenn man ihnen alles vorkaut, weil man ihnen keine eigene Entscheidungsfindung zutraut.

Zwänge als Bindekraft

An die Stelle alter Normen sind heute vielfältige Zwänge getreten, vor allem diejenige, sich selbst auf dem freien Markt anbieten und einen großen Teil der Lebens- und Meinungsäußerungen nach dem Marktwert ausrichten zu müssen, um selbst einen hohen Marktwert zu erzielen.[i]

Ein weiterer Zwang besteht an der Teilhabe am Markt als Konsument, also am Zwang zur Auswahl unter vielen Produkten und an der Kenntnis der derzeitigen Angebote. Diese Zwänge führen zu einer Verringerung der gesellschaftlichen Vielfalt, Verminderung von tatsächlicher Individualität und einer neuen Vereinheitlichung unter dem scheinbar so komplexen Deckmantel des Marktes.

Ethisches Handeln und damit gesellschaftlicher Zusammenhalt kommt heutzutage dort zum Zuge, wo tatsächlich größere innere Freiräume entstanden sind, bzw. erkämpft wurden.

Bereits Beck beschrieb die hier zu untersuchende Fragestellung präzise.[ii] Er wies auf eine Standardisierung ausdifferenzierter moderner Lebensläufe *„bis in alle Fasern der Existenz(Sicherung) hinein* (Beck)"[iii] hin und zwar durch die immer größere Marktabhängigkeit der Individuallagen. Der Kapitalismus als solcher bedarf sicher der Zusammenarbeit im Team, aber auch des Wettbewerbs. Damit erzeugt er jene Kräfte, die die Gesellschaft auseinandertreiben und jene, die sie immer wieder zusammenführen. Manchmal sind Firmen auf die Konkurrenz angewiesen, oder lernen von ihr, manchmal müssen sie erkennen, dass der Mitbewerber ihnen die entscheidenden Marktanteile entrissen hat. Kurz gesagt führt der reine Wettbewerb zwar zu mehr Effizienz, aber er unterminiert das Vertrauen in der Gesellschaft. Darum gab es immer wieder Versuche den Kapitalismus zu bändigen. Mit der künstlichen Intelligenz auf der einen und der nun technisch immer leichter auszuführenden Genmanipulation auf der anderen Seite scheinen dem „Chinesischen Modell", dem entfesselten Kapitalismus, Türen und Tore geöffnet zu sein. Dieses Modell zeigt auf, dass man Gegner auch noch verwerten kann, dass der Markt selbst unter weitgehender Kontrolle durch die Partei und ohne jede politische Freiheit funktioniert. Die Partei ist gerade dabei ein System der ethische Kontrolle einzuführen, das auf dem Sammeln von Punkten basiert. Wer einen Mercedes fährt erhält weniger Punkte als jener, der mit dem Fahrrad zur Arbeit fährt. Wer sich gesellschaftlich engagiert gewinnt Punkte, wer gegen die Gesetze verstößt verliert Punkte. Damit wird ethisches Handeln erzwungen. Dem Liberalen mag dies ein Graus sein, es ist aber ein ernstzunehmender Versuch, den gesellschaftlichen Zusammenhalt zu fördern. Das Problem ist wie immer „der große Bruder". Ob es die Kommunisten, die Banker oder die Illuminaten sind, alles hängt von ihren Intensionen ab. Welche Ziele haben jene, die auf unsere Welt von oben schauen, die im Sekundentakt über den Informationsaustausch und die Taten der Menschheit informiert sind? Hoffentlich gute.

Ethik

Ethik und Vorhersagbarkeit des Handelns, ja eine gewisse Zuverlässigkeit sind zentral für den Bestand der Gesellschaft. Menschliches Leben kann gelingen und auch scheitern; zu seinem Gelingen sind aber bestimmte Voraussetzungen notwendig.

Dazu sei das Thema der Erziehung in der Postmoderne angeschnitten. Heutzutage machen viele Eltern den Fehler ihre Kinder zu früh dem Computer oder Smartphone auszusetzen weil sie ihre Ruhe haben wollen. Dadurch tauchen die Kinder in eine über-stimulierte Scheinwelt ein. Sie verlieren ihre Frustrationstoleranz gegenüber dem Widerstand der Zeit was die Erfüllung von Wünschen anbelangt. Sie bewegen sich zu wenig. Dies führt zu Frust, sozialem Fehlverhalten und Rückzug. Da Eltern oft zu faul oder zu feige sind die Kinder zu erziehen, sollen dies nun die Lehrer tun. Diese müssen darin grandios scheitern. Letztlich haben wir dann die „Generation Z", der 20 bis 30 Jährigen, für die Empathie ein Fremdwort ist, die vieles für sich will, aber mit Geben und Verantwortung so ihre Schwierigkeiten haben.

Zwang und Freiheit in der Kindesentwicklung
Aber das ist vorgegriffen, schauen wir erst einmal darauf, was Kinder brauchen um Empathie zu entwickeln:
Die eine Voraussetzung für ethisches Empfinden ist, dass das Individuum, besonders solange es klein und hilflos ist, nicht physisch und psychisch verletzt wird. Die andere Voraussetzung ist allerdings auch die, dass das Individuum daran gehindert wird, andere zu verletzen, soweit dies möglich ist. Wenn es jedoch zu Verletzungen anderer kommt, soll das Individuum die Fähigkeit entwickeln Mitleid, Selbstverantwortung und Reue zu empfinden.
Nicht nur der Schutz des Individuums ist also Voraussetzung des Zusammenhalts in Deutschland, sondern auch seine

Entwicklung von Altruismus und Mitgefühl. Andererseits ist bei jenen Individuen, die über kein oder nur ein verkümmertes Mitgefühl verfügen, Isolation und psychische Schäden zu beobachten. Darunter sind die Abspaltung eigener Gefühle zu verstehen, wie jenen des Schmerzes, der Angst, der Verletzlichkeit und der Sehnsucht nach Annahme. In einer seelsorgerischen Ausbildung gewann ich die Erkenntnis, dass die Fähigkeit zur Empathie anderen gegenüber an eine authentische Selbstwahrnehmung gebunden ist. Dort wo der Seelsorger ein Trauma abgespalten hat, versagt er bei anderen. Wenn jemand z.B. Missbrauchserfahrungen gemacht, diese aber verdrängt hat, wird er als Seelsorger bei diesem Thema versagen. Hat er diese jedoch in sein Bewusstsein integriert, wird er in diesem Bereich seine besonderen Stärken besitzen. Die Fähigkeit Mitgefühl zu empfinden, hat daher eine gewisse psychische Integrationsbereitschaft zur Voraussetzung. Ethisches Handeln ist ohne Mitgefühl kaum denkbar. *Damit ist Ethik an Ganzheit, also an eine offene und ehrliche Selbstwahrnehmung gebunden.* Wie sollte eine Erziehung aussehen, die zur mehr Selbstwahrnehmung führt?

Kinder neigen zum Egozentrismus. Es ist für sie mühsam und oft schmerzhaft zu erkennen, dass es nicht nur ihre eigenen Interessen in ihrem Universum gibt, sondern auch die anderer. Kinder brauchen daher Grenzen durch die Anleitung dritter, um überhaupt erkennen zu können, wann sie jemandem schaden und dass dies nicht gut ist, weil auch sie selbst dies nicht mögen würden. Normen sind für die Begrenzung ihres Egoismus die Voraussetzung. Sie müssen erkennen, dass sie in eine vorgegebene soziale Welt hineinwachsen, deren Gesetze sie nur in geringen Umfang ändern können. Dieses geordnete Miteinander ist eine Voraussetzung für Ethik. Die andere Voraussetzung ist innerer Freiraum. Erziehung würde zur

Dressur, ließe sie dem Kind nicht die Freiheit, es selbst zu sein. Seine Würde und sein Stolz dürfen nicht zerstört werden.

Obwohl der Stolz des Kindes scheinbar rein egoistischen Impulsen folgt, ist er eine Voraussetzung für seine Fähigkeit zum ethischen Handeln. Eine auf Demütigung aufgebaute Erziehung würde zu einer zerrissenen Persönlichkeit führen, die eigenen und fremden Schmerzen gegenüber unempfindlich geworden ist. Ethisches Empfinden und Verhalten müssen also erlernt werden, wie Sprechen und Lesen. Ethik braucht Freiheit, nämlich die Freiheit „nein" zu den Ansprüchen des anderen sagen zu können. Ethisches Verhalten unter Kontrolle ist kein ethisches Verhalten. Sind ethisches Empfinden und Verhalten aber erst einmal gelernt, und d.h., ist der andere als verletzliches Wesen in den Blick des Individuums getreten, tragen sie sich selbst, wird das Individuum seine egoistischen und altruistischen Impulse selbständig abwägen können, soweit dies menschenmöglich ist.

Wenn Kinder, Jugendlich und Erwachsene aber mit dem Bildschirm allein gelassen sind, kann sich ihre soziale Interaktion auf null reduzieren. Oder Gespräche werden auf bestimmte WhatsApp-Symbole und abgehakte Sätze reduziert. Dies lässt den Einzelnen im Unklaren darüber, wo er in der Gruppe steht, ob er geachtet wird und ob er überhaupt wirklich Teil irgendeiner Gruppe ist. Die Sucht die die allgegenwärtigen Bildschirme erzeugen führen damit zu vernetzten Parallelwelten. Mehr als je zuvor lebt jeder in Seiner Blase, in der er seine Welt aus verschiedensten wahren oder falschen Versatzstücken zusammengebaut hat. Alle psychisch verursachten Krankheiten kommen nun allerdings durch einen Mangel an liebevoller Kommunikation, also an gegenseitigem Verstehen, zustande. Was kommt da auf uns zu? Dann kommen wir gleich zur nächsten Frage: Sind es die Zwänge der

Erwerbsgesellschaft, die all jene Smartphone-Süchtigen wieder von ihrem Bildschirm auf den Boden der Realität bringen?

Ethik zwischen Freiheit und Zwang

Es gibt zwei Arten von Zwängen, äußere und innere. Ein Mann in Gefangenschaft leidet unter äußeren Zwängen, die ihn daran hindern, dahin zu gehen, wo er lieber wäre. Innere Zwänge hindern einen Menschen in *äußerer* Freiheit daran, bestimmte Dinge zu tun oder zu lassen, die er eigentlich gerne tun würde.

Es können Forderungen der Gesellschaft an sein Verhalten sein, auch die Konstruktionen, die er sich von der Wirklichkeit gemacht hat, unbewusste und bewusste Ängste und ähnliches mehr. Innere Zwänge bestehen aus kristallisierten Annahmen über die Wirklichkeit und die eigenen Fähigkeiten, die immer einen falschen Schutz anbieten, das sie aus der Vergangenheit stammen. Sie führen zu keiner adäquaten Reaktion des Menschen auf die Gegenwart, weil sie ihn nicht erkennen lassen, was wirklich vor sich geht, und was er tun sollte.

Diese Zwänge hindern ihn in nahezu allen Situationen, völlig frei in seinen Reaktionen und seinem Handeln zu sein. Sie engen seinen Handlungsspielraum ein. Die inneren Zwänge können als Gefühle, als Gedanken, als Körperwahrnehmungen und auch als Krankheiten auftreten. *Freiheit ist jedoch nicht nur ein weitgehendes Freisein von inneren und äußeren Zwängen.* Sie hat auch mit Anbindung an einen größeren Sinnzusammenhang zu tun. Freiheit ist nicht identisch mit totaler Autonomie, wie uns im Westen immer suggeriert wird. Auch wenn wir es gerne so haben wollten. Unser Glück mag sich im Zustand der totalen Unabhängigkeit (was auch Einsamkeit bedeutet) nicht einstellen, auch wenn wir allen Forderungen unseres Ego genüge getan hätten, wenn das überhaupt möglich wäre. Aber so funktioniert die menschliche Seele nicht, weil diese Teil des Kosmos ist und im Kosmos wie in der Natur alle Dinge in ein Netz der Beziehungen eingebunden sind und dort auf natürliche Weise ihren Platz finden.

Das Freisein von Zwängen ist mit psychischer Ganzheit gleichzusetzen. Nach der soziologischen These hängt das Funktionieren einer Gesellschaft von in der Sozialisation erworbenen inneren Zwängen ihrer Mitglieder ab, was nicht gerade ein Idealbild einer Gesellschaft „Freier Bürger" zeichnet. Dieses Rollenmodell bleibt gültig, solange viele Mitglieder unserer Gesellschaft sich gezwungen sehen, ihr Leben lang ihren Schmerz zu unterdrücken, um im Erwerbsleben zu funktionieren. Negative Gefühle wären aber kein so großes Problem in, würde ihr Ausdruck nicht schon Kindern aberzogen und damit einer lebenslangen Verdrängung Vorschub geleistet. („Weine nicht!" ist eine erhellende gesellschaftliche Phrase, die zeigt, dass im heutigen Miteinander nicht der Schmerz, sondern das *Zeigen* des Schmerzes ein Problem ist – denn Weinen befreit davon - und Unterdrückung desselben möglicherweise sogar eine Voraussetzung für das Funktionieren unserer Gesellschaft.) Diese Zwänge werden vor allem von den Medien propagiert. Wie ein Mensch sich kleidet, aussieht, wie oft er reist, wie er kommuniziert, als das ist zwar so individualisiert wie noch nie, ist aber auch wie noch nie eine *Appell an andere*; eine *inszenierte Selbstdarstellung*, meist über die sozialen Medien, die auf Anerkennung, auf Präsentation auf dem Markt der Persönlichkeiten, zielt.

Wenn all dies aber geschieht, um den gesellschaftlichen Trends zu folgen, geschieht es nicht aus Freiheit, sondern aus Zwang. Die heute gebräuchlichen Szene-Begriffe, „in", „out" und „mega-out", zeigen einen aggressiven Normendruck der sich an alle richtet, die irgendwie dazugehören wollen. Die bindenden

Kräfte dieser Normen sind noch immer die Kräfte des Marktes, des Geldes und die der oft inhaltsleeren Anerkennung im Internet. *Nahezu alles, was sich unter den Stichworten Individualisierung und gesellschaftlicher Vielfalt fassen lässt, spielt sich unter der Sogwirkung des Marktes ab.* Weltanschauungen und Lebenskonzepte können leichter, als jemals zuvor über Bord geworfen werden, wenn sie nicht mehr dem Trend entsprechen und verlieren somit auch an gesellschaftlicher Aussagekraft. Auch sie sind Teil der „Masken des Marktes."

Während einerseits der Markt heute besonders durch Medien und Internet alle gesellschaftlichen Gruppen in ihrer schillernden Vielfalt eng an sich gebunden hat, zerschlug er die althergebrachten gesellschaftlichen Gruppierungen, wie lokale Gemeinschaften, Großfamilien usw.. Das Stichwort Individualisierung besitzt hier, in der Bedeutung von Atomisierung der Gesellschaft neben der Armutsentwicklung seine relevantere Bedeutung.[iv]

Das ist aber ein Problem. Wenn viele Menschen heute unter inneren Zwängen leiden, dann sind sie nur bedingt in der Lage, ethisch zu empfinden und zu handeln. Es bleibt die Frage, ob die Befreiung von äußeren Zwängen in der Post-Moderne auch zu einer Befreiung von inneren Zwängen führt. Und was würde die deutsche Gesellschaft ohne diese zusammenhalten?

Die Entwicklung von Freiheit in Europa

Die Modernisierung war und ist in Deutschland und überall auf der Welt ein sehr vielschichtiger und widersprüchlicher Prozess, der geschichtlich einzigartig ist. Die Persönlichkeit des Menschen ist Teil dieser Veränderungen.

Der aufblühende Handel im Westeuropa ab dem 11. Jahrhundert und die dadurch bewirkte Verstädterung, die wiederum ein unabhängiges Bürgertum hervorbrachte, waren

Vorbedingung der späteren Modernisierung.[v] Die Städte entwickelten Unabhängigkeit gegenüber den Lokalfürsten und waren so in der Lage eigene Gesetze zu erlassen „nach denen sich das wirtschaftliche, politische und soziale Leben auszurichten hatte" (Van der Loo/ Von Reijen,).[vi] Mit steigendem Handel erlangte das Geld einen hohen Stellenwert als Maßeinheit für Arbeit, Güter und Werte aller Art und vor allem das Bürgertum war im Besitz des Geldes. Die Erfindung der Buchdruckerkunst machte die schnelle Verbreitung neuer Ideen in Europa möglich. Letztlich setzte sich das Bürgertum sowohl gegen die Lokalfürsten, wie auch gegen die Monarchen durch, in Frankreich eher, in Deutschland später. Dadurch erlangte das Bürgertum wirtschaftliche, kulturelle, wie auch politische Freiheiten.

Auf kulturellem Gebiet führte die Herausbildung der Renaissance im Abendland zu einer „Dynamik, die für den Aufschwung der Modernisierung unentbehrlich war" (Van der Loo/ Von Reijen).[vii] Die Schriften der klassischen Antike wurden nicht mehr nur durch die Brille der christlich-theologischen Scholastik gesehen, für die alle Wahrheit bereits im neuen Testament festgeschrieben war, sondern neu interpretiert. Es wurde nicht mehr nur über das Wesen der Dinge nachgedacht und das Verhältnis Gottes zu Mensch und Welt; nun rückte stattdessen der Mensch und die messbar Welt in den Mittelpunkt des Interesses.

Durch die Postulierung eines heliozentrischen Weltbildes durch Kopernikus und dessen wissenschaftliche Durchsetzung zerbrach das für den Wahrheitsanspruch und das Selbstverständnis der Kirche so wichtige geozentrische Weltbild mit seiner Gleichsetzung von religiöser und ständisch-gesellschaftlicher Ordnung. „Das Weltall konnte als eine Maschine aufgefasst werden, deren Funktionsweise dem menschlichen Verstand zugänglich ist (Van der Loo/ Von

Reijen,).“ [viii] Die Wissenschaft wurde nun gebraucht, um genauere Verfahren z.B. zum Rechnen und zum Messen zu entwickeln und so befruchteten sich die entstehende Marktwirtschaft und die moderne Wissenschaft gegenseitig: Die Wirtschaft lieferte die Mittel und die Nachfrage, die Wissenschaft machte viele Wünsche erst umsetzbar, was z.B. Transportmittel, Konsumartikel und auch Kriegsgeräte anbelangte. D. h. ein weiterer Grund für den Anstieg der Macht des Geldes war neben seinem erhöhten Umlauf also auch die Möglichkeit, mit seiner Hilfe in den Besitz neuerer und aufwendigerer Techniken zu gelangen.

In der Renaissancezeit „rückte der Mensch selbst immer mehr in den Mittelpunkt des Interesses (Van der Loo/ Von Reijen).“[ix] Das Individuum erhielt Gelegenheit sich zu entdecken und zu entwickeln. Nun empfand sich der Mensch nicht mehr nur als Opfer göttlichen Willens oder natürlicher Ereignisse, sondern selbst als Gestalter seines Lebens und der Umwelt. Auch die Gesellschaft und der Staat wurden mit einem mal als veränderbar angesehen. Die Reformation nahm der Renaissance ihren Optimismus, was die Möglichkeiten des Menschen anbelangte und führte einen neuen Ernst in das Christentum ein. Dies gilt auch für weiterhin katholische Gebiete, in denen die Kirche im Zuge der Gegenreformation wieder stärker Tugenden wie Rechtgläubigkeit und Askese einforderte. Zwar trat z.B. innerhalb der lutherischen Reformation erstmalig der Mensch allein vor Gott und festigte so den Prozess einer Etablierung des Individuums gegenüber Gesellschaft und Kirche. Andererseits stand dieses Individuum aber weitaus schlechter da als der Renaissancemensch.

Der Protestant war ein Sünder und konnte seinem schuldbeladenen Dasein nicht einmal wie ein Katholik durch fromme Werke, Opfer und Beichte entkommen, sondern nur durch den Glauben. Seine Möglichkeiten zur

Selbstvervollkommnung waren somit, wenn er den Schriften Luthers und Calvins folgte, auf Null reduziert. Alles Gute kam fortan allein von Gott.

Max Weber stellte dar, wie innerhalb der calvinistischen Reformation sich eine Art Volksreligiosität herausbildete, die versuchte, dem rigorosen Pessimismus Calvins zu entkommen, indem sie ein Leben von innerweltlicher Askese herausbildete. Dieses sparsame und fleißige Leben vieler Unternehmer habe die Entwicklung des Kapitalismus durch die Anhäufung freien Kapitals unterstützt und beschleunigt.[x] Das Rechtssystem wurde den religiösen Autoritäten der Kirche entwunden und den Erfordernissen der kapitalistischen Wirtschaft angepasst. *„Das Recht entwickelte sich zu einem geschlossenen Komplex logisch zusammenhängender, konsistenter, allgemeiner Regeln, die auf konkrete Fälle angewandt werden mussten […]“*, wovon die Folge war, *„dass die Rechtsregeln zunehmend einer internen Logik des Rechts entsprachen und an eine Gesetzesauslegung auf Grund juristischer Doktrinen auch ein gediegenes System von Begriffen und Rechtfertigungen angeschlossen wurden* (Van der Loo/ Von Reijen,).“[xi] Das ethisch richtige Verhalten wurde also durch ein relativ unabhängiges, auf festgeschriebenen internen Regeln basierendes, Rechtssystem vorgeschrieben, das vor allem wirtschaftlichen und politischen Interessen diente. Mit der Aufklärungszeit kam auch der Fortschrittsglaube auf.

Dieser ist ein wichtiger Bestandteil der Moderne geblieben, auch wenn er manchmal nur auf Teilbereiche der Gesellschaft angewandt wird oder gar in sein Gegenteil umschlägt und Fortschritt mit fortschreitendem Verfall von Gesellschaft und natürlicher Umwelt gleichsetzt.

Die Vertreter der Aufklärung gründeten alle folgenden Entwicklungen auf die menschliche Vernunft, also die Ratio, an die sie noch uneingeschränkt glaubten. Auch wenn dieser

Glaube oft erschüttert wurde, so bleibt er bis heute, auch angesichts des Missbrauchs von Gefühl und primitiveren Empfindungen während der Zeit des Nationalsozialismus als Garant einer demokratischen Gesellschaft und auch der Notwendigkeit einer weiteren technischen Innovation wegen bestehen.

Der Mensch brach spätestens während der Aufklärungszeit aus der vorgegebenen religiösen Ordnung aus, die auf das Universum projiziert worden war, und noch ein gewisses Gleichgewicht des Gebens und Nehmens vorschrieb. Seitdem bestimmten die technischen Möglichkeiten des Menschen allein darüber, was er der Erde abringen konnte.

Die Idee der Selbstbeschränkung trat erst wieder im späten 20. Jahrhundert auf. Die von den Aufklärern geforderte Selbstvervollkommnung des Menschen war mit der Entwicklung von Anstand und Selbstbeherrschung im bürgerlichen Sinne verbunden. Bürgerliche Normen für das Verhalten des Einzelnen gewannen immer mehr Allgemeingültigkeit, Fremdzwang wurde zum Selbstzwang.[xii]

Der Prozess der Modernisierung deutet hier bereits in Richtung der Selbstunterdrückung: *„So sehen wir, dass die Menschen im Lauf des ZivilisationsProzesses ihre Emotionen und Gefühle immer besser zu bezwingen lernten, und zwar, weil sie mehr Rücksicht aufeinander nehmen mussten, je abhängiger sie voneinander wurden und je mehr sich die Machtunterschiede zwischen ihnen verringerten (Van der Loo/ Von Reijen,).“*[xiii]

Die langsame Entwicklung, fort von mittelalterlicher Gebundenheit, hin zu einer von bürgerlichen städtischen Eliten kontrollierten Geld- und Marktwirtschaft, erhielt einen entscheidenden Schub durch die Erfindung von Dampfmaschinen durch Watt in England und später Ölverbrennungsmotoren durch Diesel in Deutschland. Es konnten zum ersten Mal regelrechte Fabriken entstehen, die zu einer immensen Produktionssteigerung fähig waren.

Die Lebensbedingungen der Arbeiter verschlechterten sich für viele Jahrzehnte gegenüber dem Niveau vor der Industrialisierung. Es wurde auf sie ein weitaus höherer Anpassungsdruck ausgeübt, was die regelmäßigen Zeiten des Schichtbeginns, aber auch die Kontinuität und die Schwere der Arbeit anbelangte.[xiv] Dieser Aspekt wird für die Frage nach Individualisierung und Ethik von großer Bedeutung bleiben. Der sogenannte „Disziplinierungsdiskurs", (die Inanspruchnahme des Individuums durch den modernen Staat und seiner Wirtschaft) hat hier größeres Gewicht als der „Befreiungsdiskurs" (die Befreiung des Individuums aus den Zwängen der feudalen und vormodernen Ordnungen), da Unfreiheit auch an inneren Zwängen und nicht nur an äußeren festgemacht werden kann.

Handeln in der Post-Moderne
Worin zeichnet sich die Moderne oder auch die Post-Moderne, eben die Gesellschaft, in der wir zur Zeit leben, nun aus? Nach Van der Loo/van Reijen[xv] lassen sich die gesellschaftliche Wirklichkeit und das menschliche Handeln von vier Seiten aus betrachten:

Von der Struktur,
der Kultur,
der Person
und der Natur aus. Diese vier Perspektiven treffen sich in ihrer Mitte im sogenannten Handlungsfeld, das die eigentliche gesellschaftliche Wirklichkeit abbilden soll. Die strukturelle

Perspektive befasst sich mit den Rollen, die die Individuen einnehmen und innerhalb derer sie miteinander interagieren. Die kulturelle Sicht beschäftigt sich mit *„Auffassungen, Ideen, Symbolen, Werten, Normen und Bedeutungen, die unserem Handeln Richtung geben und ihm Sinn."*[xvi] Der Blickwinkel der Person beinhaltet psychologische und ethische Fragen. Die Perspektive der Natur richtet den Blick auf die Abhängigkeiten der Gesellschaft und des Menschen von natürlichen Gegebenheiten.

Bezogen auf diese vier Perspektiven lassen sich verallgemeinernd vier Eigenschaften moderner Gesellschaften feststellen: So wird
die Struktur zur Differenzierung,
die Kultur zur Rationalisierung,
die Person zur Individualisierung,
die Natur zur Domestizierung geführt bzw. gezwungen.
„Differenzierung bezieht sich auf die Spaltung eines ursprünglichen homogenen Ganzen in Teile mit eigenem Charakter und eigener Zusammensetzung. [...] Die neuen differenzierten Einheiten spezialisierten sich immer weiter in der Erfüllung bestimmter Funktionen (Van der Loo/ Von Reijen)."[xvii]
„Rationalisierung bedeutet, [...] dass unser Denken und Handeln immer mehr der Berechnung, Begründbarkeit und Beherrschung unterliegt (Van der Loo/ Von Reijen)."[xviii] Mythologisches Denken, traditionelle Tabus und ähnliche Beschränkungen werden ausgeschaltet und durch vernünftiges und das heißt kausal nachvollziehbares Denken ersetzt. *„Individualisierung verweist auf die wachsende Bedeutung des Individuums, das sich aus der Kollektivität seiner unmittelbaren Umgebung herauslöst* (Van der Loo/ Von Reijen)."[xix] Übergeordnete Wertekataloge haben ihre alles bestimmende Bedeutung verloren, der Einzelne kann sich seine Werte selbst zusammenstellen, wenn man

einmal unbewusste Prägungen durch die Erziehung außer Acht lässt. Das Individuum lebt in verschiedenen sozialen Systemen, in denen es unterschiedliche Rollen spielt und die ebenfalls nur noch für sich selbst, nicht aber für das ganze Leben des Individuums Werte und Normen einfordern können.

„Domestizierung schließlich bezieht sich auf das Maß, in dem Individuen sich ihren biologischen und natürlichen Begrenzungen entziehen konnten (Van der Loo/ Von Reijen).“[xx]

Differenzierung, Rationalisierung, Individualisierung und Domestizierung bilden nach van der Loo und van Reijen des weiteren Paradoxien heraus, wobei es sich bei den scheinbar entgegengesetzten Prozessen nur *„um zwei Seiten derselben Modernisierungsmedaille* (Van der Loo/ Von Reijen)“[xxi] handelt.

Beim *Differzenzierungsparadox* handelt es sich um die gegenläufigen Tendenzen von Maßstabsverkleinerung bei sozialen Strukturen und gleichzeitiger Maßstabsvergrößerung.

Die Zerschlagung althergebrachter sozialer Einheiten in kleinere selbständige funktionale Einheiten ist mit Maßstabsverkleinerung gemeint, mit Maßstabsvergrößerung die immer notwendigere Zusammenarbeit vieler funktionaler Einheiten innerhalb immer größerer Systeme.

Mit dem *Rationalisierungsparadox* ist hier der Widerspruch zwischen Pluralisierung und Generalisierung gemeint. Pluralisierung bedeutet die Ausdifferenzierung gesellschaftlicher Normen und Symbole in viele Teileinheiten, die ihre eigenen Werte, Normen und Symbole schaffen und befolgen. Gleichzeitig tritt in der modernen Gesellschaft der Effekt der Generalisierung ein, mit dem die Vermischung und Relativierung ursprünglich vieler Kulturen zu einer allgemeineren Überkultur gemeint ist, die nicht mehr so aussagekräftig wie die ursprünglichen Teilkulturen ist, aber in ihrer allgemeinen Abstraktheit globale Gültigkeit beansprucht.[xxii]

Die neutralisierte Freiheit.

Sehr wichtig für unsere Frage ist ein Aspekt des **Individualisierungsparadoxes. Das moderne Individuum besitzt einen großen Handlungsspielraum**, den es mit Hilfe selbst ausgewählter Netzwerke, Werte und Handlungsstrategien ausfüllen kann. *„Diese Situation vermittelt dem modernen Menschen oft Gefühle von Freiheit, vor allem wenn er seine sozialen Beziehungen so gestaltet hat, dass er von nichts und niemandem besonders abhängig ist. Er erlebt sich als Herr und Meister seines eigenen Schicksals* (Van der Loo/ Von Reijen)."[xxiii]

Gleichzeitig **wird es in der modernen Gesellschaft schwieriger, die eigene Identität zu bewahren** und angesichts der Abhängigkeit des alltäglichen Lebens von industrieller und staatlicher Organisationen tatsächlich ein freies und selbstbestimmtes Leben zu führen. *„**Freiheitsgefühle stehen damit Ohnmachtsgefühlen gegenüber** (Van der Loo/ Von Reijen)."*[xxiv] Dadurch, dass der Staat viele der Dienst- und Fürsorgeleistungen übernahm, die vor die Nachbarschaften und Familien leisteten, wuchs auch die Abhängigkeit von ihm. Domestizierungsparadox meint, dass domestizierte Individuen unabhängiger von den Begrenzungen werden, die ihnen ihre körperlichen Möglichkeiten und die natürliche Umwelt auferlegte, dafür aber auch abhängiger von den technischen oder kulturellen Mitteln, die ihnen diese Unabhängigkeit verschafften.

Es wird deutlich, dass die Modernisierung sehr viele widersprüchliche und gegenläufige Entwicklungen hervorgebracht hat. Der Befreiungsimpuls, der oben beschrieben wird, steht der zunehmenden Abhängigkeit des Individuums von Gesellschaft und Organisationen entgegen. Wir beziehen hier besonders auf den Teilaspekt der Abhängigkeit von der öffentlichen Meinung und den Verheißungen des Marktes, auf die Abhängigkeit davon, „im Trend" zu sein.

Wir zweifeln den Mythos der Befreiung in der westlichen Demokratie als solchen an. Die Beeinflussung persönlichen Verhaltens und des individuellen Wertekosmos durch das Internet ist dafür ein drastisches Beispiel. Wenn der neue Freiraum an Handlungsmöglichkeiten in der Moderne auch nur zum Teil dazu genutzt wird, Dinge zu tun, die „in" sind, „Likes" oder Aufrufe bringen, ist der neue Freiraum verspielt. Es ist zu vermuten,s einen wirklichen Freiraum gar nicht gegeben hat. Sobald Tabus fielen, wie z.B. Ende der sechziger Jahre in der Bundesrepublik, wurden sie gleich mit (meist entgegengesetzten) gesellschaftlichen Aufforderungen aufgefüllt. So führte die „sexuelle Befreiung" zu keiner Entspannung, keiner neuen Gelassenheit, sondern einer Erweiterung des Leistungsdenkens in den sexuellen Bereich hinein. Zwischen dem früheren „Du darfst nicht" und dem neuen „Du sollst" bestand keine Lücke der Selbstfindung.

Eine Gesellschaft, die auf Leistungsdenken aufbaut, kann viele Veränderungen an äußeren Normen durchmachen, ohne dass sich diese ihr zugrunde liegende Basis ändern muss. Dafür spricht der Normendruck, dem sich Jugendliche selbst in sexuellen Fragen, in Fragen der Attraktivität und der Kleidung aussetzen. Dieser Normendruck hat heute noch zugenommen, wo die Kameras eines Smartphones jede lächerliche Szene für alle Welt und alle Zeit verewigen können. Es besteht ja kein Zwang der Eltern, dahingehend, dass ihre Kinder dieselbe teure Kleidung erwerben müssen, wie deren Klassenkameraden, sondern der des Klassenkollektivs, des Mobs, der sich zum Handlanger des Konsumismus gemacht hat. Das heißt, dass der Druck, dem Schüler untereinander ausgesetzt sind, nichts anderes, als der bereits internalisierte Druck des Marktes ist. Der Markt regiert nicht mehr über Hierarchien, sondern über

Gruppen und deren Normen. Vermutlich werden z.B. die Schönheitsideale von Frauen und Männern in Werbung und Mode sogar bewusst so hoch angesetzt, dass sie für die meisten Konsumenten unerreichbar sind, um damit eine erhöhte Spannung zu erzeugen, die wiederum zu erhöhter Konsumtion z.B. von Kosmetika, Zucker, Drogen führen soll. Es gehört heute viel Mut dazu, sich wirklich nonkonform zu verhalten. Diese künstlich erzeugten Gruppen-Zwänge stellen eine der direkten Abhängigkeit von industrieller und staatlicher Organisation vergleichbaren Begrenzung persönlicher Freiheiten dar. Das alles bedeutet, dass unser Wohlstand und unsere Möglichkeiten zum Konsum auch als Zwang dazu verstanden werden können. Interessanter weise könnte diese Druck von Markt und Internet hin zur ständigen Selbstoptimierung durch die Migration der letzten Jahre aufgeweicht werden. Dort wo selbstbewusste arabische Kinder und Jugendliche in die Schulen kommen, die sich den westlichen Normen nur zum Teil anpassen wollen, verlieren die zuvor beschriebenen Anpassungszwänge zwischen den Biodeutschen an an Macht, weil sich andere und tiefere Gräben auftun.

Integration und Desintegration durch Markt und soziale Medien
Individualisierung wird oft in Zusammenhang mit drohender Desintegration diskutiert, das will sagen, dass dieser Begriff nicht nur einen beschreibenden, sondern auch einen wertenden Charakter in der pädagogischen DisKussion angenommen hat. *„Die simplifizierende Rezeption der Individuationsthese unterstellt, dass mit zunehmender Verbreitung von Individuationstendenzen das ʽSozialeʼ, hier durchaus im soziologischen wie auch alltäglichen Sinne des Wortes, verschwindet. Die Auflösung und Abschwächung klassischer industriegesellschaftlicher Vergemeinschaftungs- und Vergesell-*

schaftungs-Formen führt danach zum Zerfall der kollektiv geteilten Werte, Normen, Handlungsmuster und –orientierungen. Das Ergebnis sind allein gelassene Individuen, die scheinbar ihrem eigenen `Egoismus´ hilflos ausgeliefert sind (Beck)."[xxv]

Mit dem Individualisierungsbegriff ist meist auch eine heilsgesättigtere Vergangenheit mitgedacht, in der es mehr Solidarität, intakte Familien und Nachbarschaften und mehr sinnstiftende Kultur und Normen gab, als heute. Als Anzeichen von Individualisierung gelten im Gegensatz dazu anomische Tendenzen aller Art, ob sie nun versteckt und unauffällig sind oder eher auffällig, seien es *„Singles, kinderlose Ehepaare, Jugendkriminalität, Drogenkonsum, Hooliganismus, Scheidung, Rechtsradikalismus (Beck)"*[xxvi] oder anderes mehr.

Individualisierung kann aber auch ganz unspektakulär als die Möglichkeit verstanden werden, Wahlbiographien zu leben, die sich einerseits auf das soziale Netz des Wohlfahrtsstaates stützen und andererseits *„immer weniger auf vorgestanzte Muster verlassen (Beck)."*[xxvii] Es kommt jedoch nicht zu einer Herausbildung von Millionen einzelner Biographien, die sich strukturell völlig voneinander unterscheiden, auch wenn dies der subjektiv und motivativ wichtige Eindruck der jeweiligen Akteure sein mag. Es bilden sich eher wiederum strukturell ähnliche Lebensentwürfe heraus, die trotz ihrer Unverbindlichkeit mit dem Markt und eigenen sozialen Netzwerken kooperieren, anstatt in ein gesellschaftliches Vakuum zu fallen.

Ob wir Individualisierung nun von der „Seite der Sieger", also von jenen her betrachten, die sie für ihre eigenen Lebensentwürfe nutzen oder aber von den anderen her, die sie eher erleiden, weil sie aus sozialen Strukturen herausfielen und in Isolation gerieten, sie ist in jedem Fall nicht einfach nur ein Zerfallshinweis, sondern auch eine *„Voraussetzung für die Integration moderner differenzierter Gesellschaften, die auf dieses* *(teil-)autonome Personal angewiesen sind* (Beck)."[xxviii] Mit anderen Worten, das was von der einen Seite als Befreiung durch Individualisierung aussieht, könnte von der anderen Seite her als die Angleichung gesellschaftlicher Strukturen an die Forderungen des Marktes interpretiert werden und auch als ein Scheitern darin, ein bedeutungsvolles Leben in einer sinnentleerten Welt zu schaffen.

„Moderne komplexe Gesellschaften lassen sich eben nicht mehr als hierachisch durchstrukturierte Gesellschaften verstehen, außer um den Preis der Desintegration, da in solchen Konzeptionen alle Probleme zugleich Gesellschaftsprobleme werden. Integration ist also nicht mehr eine Systemleistung, [...] sondern eine Leistung der und Anforderung an die Individuen (Beck)."[xxix] Es handelt sich bei Individualisierung damit um eine *„Transformation von Problemen* (Beck)."[xxx]

Die Individualisierungsthese wird nicht unbestritten hingenommen. Zweifel erheben sich an der Frage, ob sie generalisierbar sei, also sich auf alle oder eben nur *„bestimmte soziale Milieus* (Burkart)",[xxxi] beziehe. Des Weiteren steht diese These bei einigen Autoren unter einem Ideologieverdacht, die behaupten, dass sie *„vor allem auf die Ebene einer individualisierten Kultur und Ideologie abziele und dabei strukturelle Abhängigkeiten und Bedingungen übersehe, dass sie also mit ihren Theoriedesign letztlich eine individualistische Kultur – und damit im Grunde falsches Bewußtsein – reproduziere* (Wohlrab-Sahr)."[xxxii] Dies unterstellt der Individualisierungsthese, sie produziere erst Individualisierung als Phänomen. Dem müssen wir widersprechen, erstens weil diese Theorie natürlich Dinge beschreibt, die schon vor ihrer Entstehung existierten und zum Zweiten da Individualisierung durch die Wünsche und Forderungen des Marktes hervorgerufen wird. Wenn jemand falsches Bewußtsein produziert, dann Werbung, Wirtschaft und Medien, die auf Individualisierung drängen.

Seit Mitte der achtziger Jahre hatten sich mehrere Autoren mit dem Thema Individualisierung beschäftigt, das anscheinend in der damaligen BRD in der Luft lag.[xxxiii] Es handelt sich dabei um eine spezifisch westdeutsche Nachkriegsentwicklung. Sie gründete auf einer allmählichen Anhebung des Lebensstandards, an der bis Mitte der siebziger Jahren nahezu alle gesellschaftlichen Gruppen Anteil hatten, gesellschaftlicher Absicherung biographischer Risiken durch den sich herausbildenden Wohlfahrtstaat, *„der Bildungsentwicklung in Richtung auf breitere und längere Bildungspartizipation etc. – und dem kulturellen Code der Individualisierung* (Wohlrab-Sahr).“[xxxiv]

Mit dem Letzteren ist ein auf Authentizität, Selbstverwirklichung und Originalität ausgerichtetes, Werte-Konglomerat gemeint, das sich zuerst 1968 öffentlich Gehör verschaffte und seitdem eine wirksame gesellschaftliche Forderung geworden ist. Das, was als linker Aufbruch aus der kleinbürgerlichen Nachkriegsordnung begann, ist inzwischen schon lange kommerzialisiert und als Kosumtionsmotor für alle etabliert worden. Mehr als das, die in den Sechzigern entstandene links-liberale Weltdeutung, die offene Grenzen für alle fordert, ist für viele Jahre in den deutschen Medien als Gebot der Stunde propagiert worden, bis diese These in letzter Zeit wieder in Frage gestellt wird.

Individualisierung lässt sich als Folge sozialer Differenzierung deuten, die die beiden Aspekte

der *„neuartigen Grenzziehungen oder Trennungen und*

der Steigerung der Varianz oder Verschiedenheit (Pluralisierung) (Wohlrab-Sahr)“[xxxv] einschließt.

Es gibt durch Internet und soziale Medien immer mehr Gruppen mit eigenen kulturellen Codes, deren Grenzziehungen untereinander zum Teil variabler werden andererseits auch immer unüberbrückbarer. Die Außengrenzen der Szenen, sozialen, ideologischen und wirtschaftlichen Gruppen gehen bemerkenswerterweise auch durch die Menschen selbst hindurch, die nun in der Lage sein müssen, im Rollentausch zwischen verschiedensten sozialen und kulturellen Codes hin und her zu springen.

Die im Internet proklamierten Werte scheinen immer unvereinbarer miteinander zu werden, weil sie immer öfter auf verschiedenen Weltanschauungen beruhen, die es erlauben alles und jedes Ereignis unterschiedlich zu interpretieren. Wer zum Beispiel daran glaubt, dass die Welt von einer kleinen Elite kontrolliert wird, wird Kriege, Krisen, Verträge und Ereignisse als von langer Hand vorbereitet sehen. Jemand, der an die Zufälligkeit von Ereignissen glaubt, kann sich so etwas gar nicht vorstellen und wird eine andere Sprache als der erstere sprechen. Auch wenn viele Sichtweisen unvereinbar sind, so gilt dies nicht für die Menschen, die an sie glauben, weil diese unterschiedlichsten Weltanschauungen und Werte in immer größerem Maße der *Selbstdarstellung* der Individuen und Gruppen dienen. Sie verlieren, so unvereinbar sie auf den ersten Blick auch sein mögen, in ihrer Ausgerichtetheit auf den Markt oder die mediale Internetöffentlichkeit und damit ihrer Austauschbarkeit, an Tiefe und Brisanz. Da die allermeisten Konstruktionen von individuellen Werten in ihrem Werben um Anerkennung und um „Jünger" so sehr an das Internet und die Öffentlichkeit gebunden sind, sind sie auch an die Gesellschaft geklammert, sind sie also unfähig, diese völlig zu verlassen. Damit ist der Leim zwischen Individuum und seiner Weltanschauung, schwächer geworden. Individuen können ihr Wertesystem und ihr ganzes Image viel schneller als früher ändern, wenn es nicht mehr im Trend liegt.
Es mag gewichtige Gegenargumente geben. So scheint z.B. die rechtsradikale Szene in der Öffentlichkeit ausgesprochen

unattraktiv zu sein. Hier hat sich eine Gegenkultur etabliert, die ihre Anerkennung aus sich selbst heraus bezieht - scheinbar. In Wirklichkeit wirbt sie um Mitglieder, beteiligt sich am Wettbewerb um die öffentliche Meinung und – nicht zuletzt – verkörpert öffentlich vermarktete Werte wie Männlichkeit und Gewalt und gesellschaftliche Sehnsüchte nach Einfachheit, Heimat und Geborgenheit oder die Zeit vor den großen Migrationsströmen. Um ihrem Ansehen nicht mehr als notwendig zu schaden, hat die rechte Szene offene Gewalt, wie sie Anfang der neunziger Jahre in höherem Maße stattfand, wieder zurückgenommen und sich auf unauffälligere Aktivitäten, wie verdeckte Gewalt und das Publizieren im Internet spezialisiert.

Das Auseinanderfallen der *gelebten* Werte würde also erst *nach* dem Untergang der liberalen Gesellschaft geschehen, wenn eine Gruppe sich durchsetzen konnte, wie dies auch die Geschichte der Hitlerbewegung zeigt.

Subjektive Erfahrung und Zurechnung

In welchen Zusammenhang stehen Prozesse individualisierter Zurechnung zu Prozessen sozialer Differenzierung? Nicht alle gesellschaftlichen Gruppen sind gleichermaßen individualisiert. Das liegt zum einen an der unterschiedlichen Verteilung äußerer Chancen und Optionen innerhalb dieser Gruppen. Zum anderen liegt es aber auch an der Differenzierung durch unterschiedliche innere Fähigkeiten und Freiheiten, die neben der äußeren die innere Voraussetzung von Individualisierung sind. Wenn das Arbeitsamt oder sozial engagierte Vereine z.B. Bildungsmaßnahmen anbieten, die die reale Erfolgschance der Teilnehmer auf dem Arbeitsmarkt vergrößern würden, so können sich solche Angebote, wenn sie neue, unbekannte und besonders innovative Angebote beinhalten, nur an solche

Teilnehmer richten, die neben intellektueller Fähigkeiten über ein gewisses Maß an Selbstsicherheit, Neugier und Offenheit verfügen. Diese Eigenschaften sind aber aus sozialen und biographischen Gründen bei den potentiellen Teilnehmern unterschiedlich entwickelt. Da die gesamtgesellschaftliche Entwicklung aber in Richtung Individualisierung drängt, ist *„anzunehmen, dass sich Angehörige aller Milieus – auf je spezifische Weise – mit diesen Prozessen auseinanderzusetzen haben, gleichgültig, ob dies in Form der Übernahme einer individualistischen Ideologie, in Gestalt von Retraditionalisierung, in der Erfahrung von Anomie oder auf andere Weise geschieht* (Wohlrab-Sahr)."[xxxvi]

Es gibt jedoch auch schichtspezifische und geschlechtstypische Zurechnungen, die Individualisierungstendenzen immer wieder unterminieren. Sowohl Männer wie auch Frauen, die sich durch biografische Brüche z.B. in ihrer Karriere- oder Familienplanung wieder auf sich selbst zurückgeworfen sehen, könnten sich für einen Rückzug auf ihr Herkunftsmilieu entscheiden. Dieses verfügt meist noch über klarere Rollenerwartungen, was aber bei den „verlorenen Söhnen und Töchtern" die Versagensgefühle noch verstärken würde. Mit anderen Worten, persönliche Individualisierungsversuche (als Befreiungsversuche von den Werten und Normen der eigenen Sozialisation gedacht) sind angesichts der Gefährdung von Lebensplanungen durch äußere Umstände und den sich immer schneller verändernden Arbeitsmarkt auch immer selbst gefährdet und können durch Krisen wieder zunichte gemacht werden.

Orientierungsprobleme in der Moderne

Ronald Hitzler[xxxvii] zweifelt an der Sinnkrise in der modernen Gesellschaft und glaubt eher daran, *„dass ein großer Teil dessen, was hierbei zur Debatte steht, Rückwirkungen einer fehlenden Anpassung (zentraler) gesellschaftlicher Institutionen und Organisationen an die sich verändernden Interessen der handelnden Individuen sind. Folglich meint die Rede von der Sinnkrise in aller Regel zuvörderst das Problematisch-Werden hinlänglich erfolgreicher institutioneller Sinnvermittlung (Hitzler).“*[xxxviii] Mit dem Letzteren sind vor allem die Kirchen gemeint.

Lange Zeit nahm man an, dass die Menschen in der späten Moderne areligiöser würden. *„Inzwischen wissen wir, dass dem keineswegs so ist, sondern dass die religiösen Bedürfnisse lediglich zunehmend außerhalb bzw. jenseits der Kirchen verrichtet werden (Hitzler).“*[xxxix] Viele, wenn nicht alle der vorgegebenen Strukturen ändern sich. Die Normalarbeitszeiten werden immer seltener.

Dafür werden mehrerer kürzere Arbeitsverhältnisse oft aneinander gereiht. Das Bildungsniveau hat sich für den Gesamtdurchschnitt der Gesellschaft erhöht, die Unterschiede haben sich jedoch nicht wesentlich geändert.[xl] Jedoch hat sich das Bildungsniveau speziell bei Frauen auch im Verhältnis zur übrigen Gesellschaft erhöht. Damit sind sie nicht mehr auf Männer als „Ernährer" angewiesen und können eigenen Lebensentwürfen folgen, was das Verhältnis der Geschlechter verändert. Ehen sind nicht mehr so stabil, Scheidungen kein Tabubruch mehr. Normalfamilien geraten zunehmend in die Minderheit und machen Rumpf- und Teilfamilien Platz. Weil Eheschließungen von ihrem gesetzlichen Design immer mehr zu Lasten der Männer gehen, ziehen diese zunehmend Partnerschaften ohne Trauschein vor. Während immer unsicherer ist, was als „normal" zu gelten hat, verrechtlichen sich die Sozialbeziehungen zwischen den Menschen immer mehr.[xli]

Kinder können sich gegen Misshandlungen durch ihre Eltern zur Wehr setzen. Damit wird Kinderaufzucht auch über das Finanzielle hinaus zu einem Problem. Hitzler glaubt nicht, dass die Moderne sich so fundamental ändern wird, dass man in nächster Zukunft von einer Post-Moderne sprechen könnte. Er sagt vielmehr eine Radikalisierung der Moderne voraus, also eine *„Auflösung vormoderner Relikte im modernen Leben, mit einer tendenziellen Ablösung gesellschaftlicher Verkehrsformen von der bisher hegemonialen Logik der Industrialisierung und mit einer Selbstkonfrontation der Moderne mit den Nebenfolgen ihrer zivilisatorischen Entwicklungserfolge [...] (Hitzler)."*[xlii]

Wir glauben aber, dass die „hegemoniale Logik der Industrialisierung" ihren Höhepunkt noch gar nicht erreicht hat und noch immer der entscheidende Motor der gesellschaftlichen Veränderungen ist. Neuentwicklungen wie Smartphone und Internet verbreiten sich schnell und dringen tief in das soziale Leben der Gesellschaft ein. Dies geschieht auf eine so aggressive Weise, dass die gesellschaftlichen Veränderungen stärker um die neuen Techniken und Möglichkeiten herum geschehen, als umgekehrt. Dinge, die noch nicht gebraucht werden, werden auf den Markt geworfen, um schnell unentbehrlich zu werden. Die Nachfrage wird erst geschaffen. Sind sie erst einmal verbreitet, verändern Entwicklungen, wie das Smartphone, jedoch das Sozialverhalten. Da es viele neue Entwicklungen gibt, summieren sich diese sozialen und gesellschaftlichen Veränderungen; die Gesellschaft wird also durch die immer weitere Entwicklungen in eine bestimmte Richtung gedrängt und zwar dahin, diese zu brauchen, zu benutzen und zu integrieren. Kommunikationstechniken wie das Smartphone implizieren geradezu Individualisierungstendenzen, denn erst wenn man sich räumlich getrennt hat, kann man auf technischer Grundlage miteinander kommunizieren. Eine Entwicklung, wie das Smartphone drängt also auf weitere soziale Zersplitterung der Gesellschaft, wobei die einzelnen Individuen und Gruppen gleichzeitig an den Markt gebunden bleiben. Man könnte aber auch behaupten, dass das Smartphone die Kommunikation verbessern würde, weil es deren Häufigkeit erhöht und damit eine integrierende Kraft besäße. Aber dem ist nicht so. Denn Bildschirme locken uns von der Realität unseres Lebens hier und jetzt weg, auch von realen Menschen in unserer Nähe. Stattdessen bieten uns die Bildschirme eine Scheinwelt mit einer verflachten Kommunikation an.

Veränderungen in den Beziehungen
Elisabetz Beck-Gernsheim wendet sich gegen die These, dass die Familie immer noch eine stabile Größe wäre.[xliii] Sie zitiert eine Pressemitteilung des statistischen Bundesamtes wonach der Anteil von Scheidungen je 10 000 Ehen von 1900 mit 8,1 Punkten auf 92,3 im Jahre gestiegen sei. 1980 betrug der Anteil noch 61,3 Punkte.[xliv] Damit wird eine Dynamik von Veränderung auf mehr Scheidungen hin deutlich, die stabil ist.
In welche Richtung wird sich diese Dynamik in Zukunft entwickeln? Wie gesagt, sind Scheidungen zu etwas Normalem geworden. Barrieren und Tabus, die die Funktion hatten, Scheidungen zu verhindern, wurden abgebaut. Diekmann und Engelhardt[xlv] vermuten sogar einen Schneeballeffekt, eine sich selbst verstärkende Spirale hin zu immer höheren Scheidungszahlen. Um so mehr die Scheidung zu einer normalen Möglichkeit bürgerlichen Lebens wird, um so öfter wird von ihr Gebrauch gemacht, was wiederum zu einer Normverschiebung in ihre Richtung führt, so die These. Auch muss eine Ehe nun im

Verbleib mit anderen Lebensformen bestehen, was sie früher nicht musste, da sie selbstverständlich war.

Beziehungen werden also immer mehr auf ihre Tragfähigkeit und ihren emotionalen Nutzen hinterbracht, da Trennungen und Scheidungen als Möglichkeit immerzu mitgedacht werden können. Darum halten Paare sich diese Option als Selbstschutzstrategie auch zunehmend offen, z.B. indem sie nicht heiraten, den Kinderwunsch verschieben oder ganz fallenlassen und auf riskante gemeinsame Kredite lieber verzichten.[xlvi]

Dies könnte zu dem ungewollten Effekt der weiteren Erhöhung der Trennungszahlen führen. Die betroffenen Kinder lernen, dass Scheidungen etwas Normales sind, vielleicht auch, dass man sich auf Beziehungen nicht verlassen kann. *„Durch Scheidung wird ein individualistischer Lerneffekt angelegt, was in der Generationenfolge dann zu weiteren Scheidungen führt.* (Beck-Gernsheim)"[xlvii] Die Richtung der Entwicklung scheint klar zu sein: *„Durchgängig nämlich legen die Untersuchungsergebnisse eine Dynamik nahe, welche die etablierten Familienstrukturen weiter schwächen wird. Dies gilt insbesondere in Anbetracht dessen, dass eine relativ große Anzahl der Kinder von heute familiale Erfahrungen machen, die mit hoher Wahrscheinlichkeit negative Konsequenzen für ihr eigenes Familienleben haben werden (Fthenakis)`."[xlviii] Es wird anti-modernistische Gegenbewegungen geben, starke Sehnsüchte zurück in eine stabilere und heilere Familienwelt. Wunsch und Wirklichkeit werden aber für lange Zeit auseinanderklaffen.

Die uneindeutige Sozialstruktur

Was heißt Armut, was Reichtum in der „Selbst-Kultur" fragt Ulrich Beck (Beck).[xlix] Er bezeichnet das im Zuge von Individualismus entstandene spannungsvolle Miteinander und Gegeneinander von individualisierten Persönlichkeiten als Selbst-Kultur. Die besondere Würze erhält diese Kultur dadurch, dass Individualisten, die sich aufeinander einlassen wollen, und damit auf andere individualisierte Lebenskonzepte, sich gezwungen sehen, auf die konsequente Durchsetzung eigener Individualität teilweise zu verzichten oder aber die ganze Beziehung um das Aushandeln alltäglicher Kleinigkeiten herum zu strukturieren. Das ist die Krankheit vieler Postmoderner Egoisten der Generation Z. Sie verstehen nicht mehr, warum sie etwas für andere tun sollten, das keinen direkten Effekt für ihr eigenes Wohlgefühl hat.

Es gibt eine zunehmende Zahl von Einzelhaushalten und eine hohe Bewertung des Für-sich-seins im eigenem Raum und eigener Zeit. Die Teilnehmer an der Selbst-Kultur zeichnen sich durch ein „*verinnerlichtes praktiziertes Freiheitsbewusstsein* (Beck)"[l] aus. Es bildet sich innerhalb dieser Kultur eine Art von Selbstorganisation auf vielen Ebenen heraus. Sie zielt auf eigenmächtiges Handeln. „*Selbst-Kultur setzt voraus, was sie zugleich auch fördert: Konfliktbereitschaft, Kompromissfähigkeit, Zivilcourage, Neugierde, Ambiguitätstoleranz etc., auch gegenüber den hässlichen Gesichtern der Selbstkultur selbst.* (Beck)."[li] Eine einfache Regel für Selbst-Kulturen: „*Stellt Rechte und minimale Ressourcen zur Verfügung und lasst die Menschen allein. (Beck).*"[lii] „*Entspräche die Rede von ʻSelbst-Kulturʼ*

vielleicht der Sicht der Gewinner, während die Verlierer noch stumm, gleichwohl mit Gewalt zeugender Ungeduld unter die Räder geraten? (Beck)."[liii]

Ulrich Beck spricht von *„Zusammenbruchs- und Armutsindividualisierung* (Beck)."[liv] In einer individualisierten Gesellschaft ist Armut nicht mehr bestimmten Gruppen zugeordnet, sondern tritt vereinzelt auf, auch oft nur in biographischen Phasen.

Damit können frühere schichtspezifische Unterschiede sich jetzt in einer Biographie versammeln, sagt Beck.[lv]

Er führte eine Studie aus den USA an, bei der nur 0,7% der Befragten angaben, durchgängig arm zu sein, aber 24% zumindest einmal von Armut betroffen waren. (Berger).[lvi] Dies wird von den Soziologen „dynamische Armut" genannt: die Armut wächst zwar insgesamt, verteilt sich aber auf immer mehr Biographien, in dem sie sich auf Phasen verkürzt.

Diese neue Armut versteckt sich als Phänomen, wenn sie Leute aus einem bis dahin abgesichertem Milieu trifft, erst recht. Leute, die sich ihrer Armut schämen, die unter Selbstzuschreibungen des Scheiterns und Versagens leiden, haben es schwer, Hilfsangebote anzunehmen und auch von diesen erreicht zu werden. Beck spricht von „Demokratisierung" von Massenarbeitslosigkeit und Armut, weil es immer mehr auch die Reichen trifft, und sich die Armut immer mehr verteilt.[lvii] Hier zeigt sich eine echte Form der Individualisierung: Die Armut. Sie wird nicht gezeigt, sie bleibt streng privat, sie dient nicht der Selbstdarstellung. Andererseits wird Armut nicht freiwillig in ein Leben gerufen und macht die Betroffenen gleich. Der Vielfalt öffentlicher, marktabhängiger und selbst-inszenierter Individualisierung tritt also eine versteckte, gleichmacherische und unfreiwillige Form der

Individualisierung gegenüber, eine Armut nämlich, die auch marktabhängig ist.

Anomie bei Durkheim und Merton

Als Anomie wrid ein Prozess der Abkopplung einzelner Teile der Gesellschaft von deren Gesamtheit bezeichnet. Sie kann dort entstehen, wo die Balance der Wechselwirkung von Autonomie und Integration gestört ist.[lviii]

Emile Durkheim[lix] beschrieb, dass **moderne Staaten die Solidarität nachbarschaftlicher Traditionen**, die auf althergebrachte Art und Weise funktionieren, **zerstören müssen** und sie durch eine neue, modernere Form der Solidarität zu ersetzen. Diese sollte durch ein schnell installiertes gesetzliches Regelwerk durchgesetzt werden. Auch sollte die Arbeitsteilung in der neuen Gesellschaft zu einer inneren Solidarität führen. Wenn aber zwischen der Zerstörung mechanischer Solidaritätsformen, (worunter er die selbstverständliche Solidarität in vormodernen Gesellschaftsformen verstand) und der Neuschöpfung organischer Solidarität (damit meinte er Solidaritätsformen, die in modernen Gesellschaften durch Arbeitsteilung entstehen) eine Lücke klafft, besteht nach Durkheim die Gefahr von Anomie.[lx] Wenn die Arbeitsteilung zu weit getrieben wird, sieht er weiterhin die Gefahr der Zersplitterung.[lxi] Die Gesellschaft würde dann auseinander driften, wenn zuwenig Kontakte zwischen ihren einzelnen Teilen bestehen. Durkheim hat in seinem Werk „Der Selbstmord" (Durkheim, 1897/1973)[lxii] drei Formen des Suizids dargestellt, nämlich den egoistischen, den altruistischen und den anomischen Selbstmord. *Selbstmord* war für Durkheim der Gipfel von Anomie überhaupt. Darum wählte er diesen Titel. Die egoistische Selbstmord wird nach Durkheim durch Isolation des Individuums verursacht, der altruistische Selbstmord wird durch fehlende Bedürfnisbefriedigung innerhalb eines gesellschaftlich determinierten Umfeldes hervorgerufen, während der anomische Selbstmord durch gesellschaftliche Krisen verursacht wird.[lxiii]

Es tritt dann *„ein Bedeutungsverlust kollektiver Orientierungen auf* (Bohle/Heitmeyer/ Kühnel/Sander)."[lxiv] Durkheim glaubte an die Notwendigkeit einer äußeren disziplinierenden Einwirkung auf das Individuum, da dieses nur so moralischen Halt bekäme. Die genau entgegengesetzte These vertritt Bauman, worauf später noch einzugehen sein wird. Er sagt, dass die moralische Befähigung des Einzelnen gerade durch das ethische Diktat staatlicher Vernunft enteignet und zerstört würde.

Er glaubt, dass moralisches Handeln überhaupt nicht von der Vernunft erzeugt wird, sondern aus dem Augenblick heraus als innerer Impuls im Menschen entsteht, ohne dass dieser Impuls im voraus planbar und seine Richtung für alle gleich wäre.[lxv] Dort wo Durkheim den Menschen durch äußere Zwänge gebändigt sehen möchte, sieht Bauman eine Chance zu moralischer Wiedergeburt, wenn nämlich infolge von Krisen die gesellschaftlichen Normen und Abhängigkeiten ihre zwingende Kraft verlieren. Für Durkheim setzte die Arbeitsteilung ein konfliktlösendes Potential frei, da sich spezialisierte Individuen und Gruppen nicht als Konkurrenten wahrnehmen. Durkheim mochte aber im „Selbstmord" nicht mehr an dieser optimistischen Sicht festzuhalten. Er glaubte, dass Anomie zu einem zunehmenden Dauerzustand in der modernen Gesellschaft werde, eben weil die moralischen Beschränkungen ihre Kraft verlieren und damit die Begehrlichkeiten des Einzelnen mit jenen der anderen und auch mit den realen Möglichkeiten kollidieren müssen.

Merton[lxvi] dagegen definiert Anomie als Folge einer Kollision zwischen den Zielen, die in einer Gesellschaft allgemein anerkannt sind und den Mitteln, die den Mitgliedern dieser Gesellschaft zur Erlangung dieser Ziele zur Verfügung stehen. Für die amerikanische Gesellschaft der fünfziger und sechziger Jahre nimmt er als beherrschendes Ziel den (besonders finanziellen) Erfolg an.[lxvii] Merton unterstellt bei unteren Schichten nun eine Kollision zwischen Zielen und Mitteln. Hier sei der Erfolg mit legalen Mitteln nicht oder zu schwer erreichbar und so entstehe ein Anomiedruck, was zu einer erhöhten Kriminalitätsrate führte.

Damit postuliert Merton für alle Gesellschaftsgruppen gleiche Konformitätsmerkmale bei gleichen Zielen.[lxviii] Kritiker sehen hierin eine unzulässige Vereinfachung, da Schichten ihre eigenen Normen und Grenzlinien zwischen abweichendem und konformem Verhalten entwickeln.

Neben Zielen und Mitteln unterschied Merton später auch die schichtenspezifische Unterschiede bei normativen Zielen und deren Verwirklichungsmöglichkeiten, die er „Sozialstruktur" nannte. Damit besaß er eine theoretische Grundlage, um einen differenzierteren Blick auf den Grad von Anomie zu werfen. Der Grad an Anomie macht sich jetzt daran fest, inwieweit der Kampf um die Erlangung der kulturellen Ziele einer Gesellschaft oder Schicht noch durch deren normierende Bindekräfte für das ethische Verhalten im Zaum gehalten werden können.[lxix]

Merton postulierte fünf Formen von unterschiedlicher Akzeptanz der kulturellen Mittel einerseits und den institutionalisierten Mitteln andererseits:

1. Konformismus: Bejahung von Zielen und Mitteln,

2. Innovation: Bejahung der Ziele und Verneinung der Mittel,

3. Ritualismus: Aufgabe der Ziele, aber Festhalten an den Mitteln.

4. sozialer Rückzug: Verneinung der Ziele und der Mittel

5. Rebellion: Wie 4., aber Ersetzung der abgelehnten Ziele und Mittel durch eigene.[lxx]

Heute kann an starren Schichtmodellen so nicht mehr festgehalten werden. Zwar bleiben Unterschiede zwischen Arm und Reich auf höheren Niveau bestehen, aber die internen Umschichtungen, Verwerfungen und Stabilisierungen des gesellschaftlichen Systems lassen sich nur mit moderneren Theorien begreifen.

Anomie wird heute darum nicht mehr wie bei Durkheim und Merton im Abweichen von starren vorgegebenen Normen gesehen, sondern „*muss als ein Zustand gesehen werden, in dem es an sozialen Regulationsmodi mangelt, um wesentliche gesellschaftliche Probleme hinreichend angehen und für alle Beteiligten erwartbar und hinnehmbar gestalten zu können. In diesem neuen Anomiekonzept wird berücksichtigt, dass sich im Vorgang sozialer Regulation die Modi der Regulation durchaus ändern können, ohne dass Anomie entsteht. Anomie tritt erst ein, wenn der Vorgang sozialer Regulation zusammenbricht bzw. zu Ergebnissen führt, die von Teilen der Beteiligten auf Dauer nicht hingenommen werden können*

(Bohle/Heitmeyer/Kühnel/Sander).“[lxxi]
Hier können als Beispiel die neuen islamischen Parallelgesellschaften dienen, die überall in Europa wie Pilze aus dem Boden springen. Besonders in Südfrankreich, den Niederlanden, Belgien und in einigen Städten des Vereinigten Königreichs haben sich solche sehr geschlossenen Nachbarschaften gebildet und den Rest der Gesellschaft zu infiltrieren suchen. Der Islam entpuppt sich gerade im postmodernen Europa und Deutschland als eine schwer zu knackende Nuss, was Integration anbelangt, weil er sich hervorragend dazu eignet ganze Bevölkerungsanteil zur Integrationsverweigerung zu überreden. Er besitzt seine eigene Weltanschauung, Kultur, oft eigene Sprachen und vollkommen andere Werte als der Westen. Ob Europa tatsächlich in einigen Jahrzehnten zu einer Ansammlung von islamischen Kalifaten

werden wird, hängt von der weiteren Entwicklung unserer Gesellschaft hier in Deutschland und Europa ab, aber auch von der Entwicklung der Jugend im Islam. Auch dort wird ein Glaubensverlust und eine Erosion des traditionellen Systems immer evidenter. In Saudi-Arabien, dem Iran und der Türkei und in den europäischen Ländern gibt es eine starke Abwanderung der Jugend aus dem Glauben in den Atheismus oder andere Religionen, besonders ins Christentum und zur Bahai-Relgion. Auch hier zeigt sich das selbe Phänomen, wie bei anderen durch das Internet propagierten Ideologien: Diese Lehren werden immer radikaler und schotten sich immer konsequenter von anderen Denkrichtungen ab, aber ihre Konsumenten gehen immer geschmeidiger mit ihnen um. Es wird immer leichter zwischen den einzelnen Identitäten und Ideologien hin und her zuspringen. Das heißt, nicht dass ein Islamist weniger gefährlich ist als vorher, solange er sich als Islamist versteht.

Was die Gesellschaft zusammenhält
Gertrud Nunner-Winkler vertritt die These, dass „*der Liberalismus nicht substanzlos* [ist], *sondern Ausdruck kollektiv geteilter inhaltlicher Wertbindungen* (Nunner-Winkler)."[lxxii] Weiterhin versucht sie zu zeigen, dass die modernen Wertbindungen subversiv sind, da es ihnen um Interessenausgleich und Herrschaftsabbau geht.[lxxiii] Nunner-Winkler möchte sich damit gegen die These wehren, dass es modernen Gesellschaften an Gemeinsinn fehle und sie zur eigenen Reproduktion unfähig seien. Dafür gibt es in der Soziologie zwei Lösungsansätze: Einmal die auf Veränderung bestehender Gesellschaftsverhältnisse drängende marxistische Position und andererseits konservativ inspirierte, rückwärtsgewandte Paradigmen, die auf eine Restauration

geordneterer vergangener Gesellschaftsstrukturen setzen, wofür Durkheim und Parsons stehen.

Nunner-Winkler stellt eine Minimalmoral auf: *„Menschen sind verletzlich, fähig, andere zu verletzen, und nicht willens grundlos selbst verletzt zu werden* (Nunner-Winkler).“[lxxiv] Desweiteren weist sie auf die Existenz kulturabhängiger Pflichtenkataloge hin, die inhaltlich zwar variabel, jedoch immer an Kulturen geknüpft sind.[lxxv]

Drei für die Erhaltung moderner Gesellschaften notwendige Voraussetzungen können *„durch aufgeklärtes Selbstinteresse allein nicht hervorgebracht werden:*
- *Moralische Entrüstung* [...]
- *Selbstverteidigung* [...]
- *Politisches Engagement* [...] (Nunner-Winkler).“[lxxvi]
Nunner-Winkler sucht nun nach einem Modus, der über dieses aufgeklärte Eigeninteresse der Bürger noch hinausgeht. Sie führt eine von ihr veröffentlichte Längsschnitt-Untersuchung von c. 200 Kindern an.[lxxvii] *„Dabei zeigte sich, dass Kinder früh über ein angemessenes moralisches Wissen verfügen. Universell kennen sie einfache moralische Regeln, sie wissen um deren intrinsische, d.h. sanktions- und autoritätsunabhängige Geltung; sie anerkennen situationsspezifisch differenzierte Geltungsgründe und verstehen die moralischen Regeln kontextsensitiv flexibel anzuwenden. Kinder, so ist daraus zu schlußfolgern, lernen moralische Regeln nicht in Form rigider Handlungsanweisungen, vielmehr verstehen sie (zumindest etwa ab einem Alter von 10 Jahren) die moralischem Urteilen zugrunde liegenden Prinzipien der Schadensvermeidung und der Unparteiligkeit* (Nunner-Winkler).“[lxxviii] Sehr wichtig finde ich folgenden Hinweis: *„Kinder empfinden spontan – im ʼNaturzustandʼ- egoistische Strebungen* [...] *und altruistische Impulse* [...] (Nunner-Winkler).“[lxxix] Altruismus und Mitgefühl wären somit kein rein kulturelles Phänomen, sondern

bereits im Menschen angelegt und müssen, den jeweiligen Bedingungen einer Kultur angepaßt werden.

*„Moralisches Wissen ist inhaltlich: Es **bedeutet die früh erworbene Kenntnis einfacher Regeln** und die [...] differential anwachsende Fähigkeit, diese auch in komplexeren Situationen angemessen anzuwenden. Moralische Motivation hingegen ist formal, also inhaltsfrei; zugleich aber ist sie intrinsisch, also nicht sanktionsorientiert und nutzenkalkulatorisch* (Nunner-Winkler).“[lxxx] **Es bedarf keiner bloßen Loyalität, um sich für das Gemeinwohl einzusetzen**, sagt Nunner-Winkler, es reicht bereits die Anerkennung der moralischen Verpflichtung.[lxxxi] Die zentrale, für die Moderne typische, moralische Annahme ist die, dass Ungleichheiten rechtfertigungspflichtig sind und stattdessen Gleichheit anzustreben sei.

Es gibt verschiedene Sozialisationsmodelle. Die klassische Konditionierungs-Theorie erklärt das Verhalten eines Menschen durch vorheriges Verhaltenstraining das mit Belohnung und Bestrafung arbeitete.[lxxxii] Tierdressuren bewiesen die Richtigkeit dieser Annahmen in ihrem Rahmen. Parson behaupte in seinem Triebüberformungsmodell, dass sich der Säugling durch seine hohe Abhängigkeit die Fremderwartungen, z.B. der Mutter, zu eigen mache und dadurch zu eigenen Bedürfnissen umforme.[lxxxiii] Nunner-Winkler sagt nun, dass *„in der Moderne zunehmend das Modell der `freiwilligen Selbstbindung aus Einsicht´ hinzu [-trete] (Nunner-Winkler)“*.[lxxxiv] Das Kind erkenne aus eigener Einsicht die Spielregeln des Familiensystems, wie es auch andere Spielregeln erlernen würde, und folge diesen freiwillig, um mitspielen zu können. Voraussetzung dafür ist aber eine hierarchiearme und offene Aushandelungsstrategie für Konflikte in der Familie. Dies gelte auch für den modernen Staatsbürger, der nicht aus Patriotismus, sondern aus Einsicht für seine Gesellschaft eintrete.

Anomie und Religion

Beispiel Christentum: Der stille Schwund alter Normalität

Am Beispiel von Entwicklungen im Bereich Religion und Kirche soll jetzt gefragt werden, ob es sich bei den aktuellen Umbrüchen auf dem „spirituellen Markt", tatsächlich um anomische Tendenzen im Sinne der obengenannten Definition handelt. Heiner Barz, der Autor des Artikels *„Dramatisierung oder Suspendierung der Sinnfrage?"* weist zu Beginn seiner Arbeit auf die schlechte empirische Situation in der Religionssoziologie hin.[lxxxv] Veränderungen im Bereich der Religion zeigen sich in einem unspektakulären *„Verdunsten des Christentums."*[lxxxvi] Dieses wird an Determinanten wie *„Kirchgang, Gebetshäufigkeit, Bibellektüre, Gottesglauben, Auferstehungs-glauben* (Barz)"[lxxxvii] etc. in den Umfragen der Kirchen selbst festgestellt. Barz weist auf fehlende Daten in Bezug auf Schicht- und Lebensweltspezifik hin, aber auch auf die Ausklammerung der Frage nach religiös motivierter Fremdenfeindlichkeit.[lxxxviii]

Er spricht von Sollbruchstellen zwischen den Kulturen, die im Zuge sozialer Konflikte jederzeit aufbrechen können, deren Ursachen, aber eher ethnischer und kultureller, denn religiöser Natur sind.[lxxxix] Er weist darauf hin, dass das Christentum in der Öffentlichkeit immer noch als Normalfall, als kulturelle Selbstverständlichkeit angesehen wird, was zur Folge hat, dass andere religiöse und spirituelle Wege von vornherein anomischer Machenschaften verdächtig sind.

Der Mitgliederschwund in den großen Kirchen lässt sich am besten an kircheneigenen Austrittsstatistiken aufzeigen. Höhepunkte in der Austrittsbewegung fanden um 1920, um 1930, 1939, 1972 und 1990 statt, wobei die höchsten Ausschläge bei der evangelischen Kirche um 1939 und 1990 bei je c.360000 und bei der Katholischen Kirche um 1990 bei c.190

000 lagen. Seitdem nahm die Austrittshäufigkeit bis 1993 aetwas ab, ab 1994 stieg sie wieder an und verharrt bis 2017 auf hohem Niveau.[xc] Protestanten traten Anfang der 90ger Jahre fast doppelt so häufig aus, wie Katholiken, aber in den letzten Jahren ist der Unterschied nur noch bei c. 12%.

Die rituelle Praxis des christlichen Glaubens, insbesondere die Gottesdienstbesuche nimmt auch bei Kirchenmitgliedern ab.[xci] Andererseits nimmt der Wunsch nach kirchlichen Passageriten seit 1970 in der alten Bundesrepublik wieder zu. In den neuen Bundesländern zeigt sich zumindest am Beispiel der Jugendweihe, dass Passageriten als solche gar nicht an die Kirche gebunden sein müssen. Allerdings ist die Jugendweihe nach einem Hoch im Jahre 2000 von fast 100000 Weihen auf ein Niveau von 25000 gesunken und damit ein auslaufendes Modell. Die Generationen, die sich noch an die DDR erinnern können, haben inzwischen erwachsene Kinder, die ihre eigenen Kinder nicht mehr diesem Ritual unterziehen möchten.

Die Praxis des Gebetes nimmt ab, dafür werden Psychotechniken zur Kultivierung des innerpsychischen Raumes wie Entspannungs- und Meditationstechniken häufiger angewandt.

Das Christentum erfreut sich noch immer einer großen Wertschätzung, wenn es bei den Befragungen darum geht, was *andere* am besten glauben sollten. Gerade jenen, die in irgend einer Art und Weise benachteiligt sind, wünschen die Befragten den christlichen Glauben, sozusagen als kostenlose Stütze für die Schwachen, zu denen man selbst auf gar keinen Fall gehören möchten.[xcii]

Der Glauben an einen transzendenten persönlichen Gott nimmt ab, während andere, offenere Gottesvorstellungen im Zunehmen begriffen sind (Sziegaud-Roos, 1985; Nipkow 1987, Kirchenamt der EKD, 2011; Barzb)[xciii], die auf naturwissenschaftlichen oder auch östlich inspirierten esoterischen Gottesvorstellungen beruhen. Das für alle diese wieder neu aufkommenden Vorstellungen Typische ist es, dass sie das Göttliche wieder näher an den Erfahrungshorizont der Menschen heranholen und seiner strengen kirchlich-theologischen Transzendenz und Autonomie berauben. Das Göttliche wird, könnte man sagen, demokratisiert und den Händen des kirchlich-religiösen Establishments entzogen. dass diese Tendenzen aus kirchlicher Sicht als anomisch gedeutet werden, liegt nahe, ob sie es aber im Sinne der obigen Definition (von Bohle/Heitmeyer/Kühnel/Sander),tatsächlich sind, bleibt fraglich.

Religiöses Erleben wird sicher auch von den Forderungen der Freizeitindustrie mit beeinflusst. Es reicht nicht mehr, ein ganzes Leben auf das Heil zu warten. Erlösung, was auch immer das heißt, (vielleicht zuerst einmal Entlastung?) soll schon in der Gegenwart und nicht zuletzt auch *körperlich* erlebbar werden. In der traditionellen evangelischen Theologie wird dagegen gerade der Glaube ohne Erfahrung und allein aus Vertrauen als wahrer Glaube angesehen (nach evangelischer Exegese von Joh.20.29: *„Selig, die nicht sehen und doch glauben.“*)[xciv]

Inzwischen versucht aber auch die evangelische Kirche wieder dem Trend nach ergebnisorientierten Formen von Spiritualität zu folgen, besonders in Form von Kirchentagen, die Tausende Gläubige anziehen, und *„Festival-Charakter mit Action, Ekstase und 'Gänsehaut'* (Barz)“ [xcv] versprechen. Religion wird zunehmend nicht mehr um fertiger Antworten willen gesucht, sondern um der Möglichkeit einer persönlichen Suche willen, der *„Quest-Orientierung.“*[xcvi]

Die Sehnsucht nach Geborgenheit wandert nach der Befragung von Barz aus dem religiösen in das sozial-partnerschaftliche Milieu ab.[xcvii] An der Partnerschaft werden also heute Werte festgemacht, die früher dem religiösen Glauben vorbehalten waren, was zu deren Überlastung mit sinnstiftenden Attributen führen kann.

Barz weist auf die „*enorme Verantwortungszumutung*" hin, die mit der „*Entbindung von überkommenen Traditionen*" für den Einzelnen verbunden ist.[xcviii] Er vermutet, dass es ein steigende Bedeutung des „*kompensatorischen Imperativs*" in Krisenzeiten geben wird und meint damit Dieter Groh und Marquard[xcix] folgend, dass Verschwörungstheorien an Attraktivität gewinnen, weil sie den Einzelnen entlasten, da dieser seine Verantwortung für sein Leben nicht mehr hinter Göttern oder Schicksalsmächten verstecken kann.

Sonderformen des Religiösen
Sekten: Der Sturm im Wasserglas legt sich
In der Öffentlichkeit spielen die traditionellen religiösen Sondergemeinschaften kaum eine Rolle mehr, seit Anfang der

siebziger Jahre „Jugendsekten" diese in den Schatten drängten. In den siebziger und achtziger Jahren erschienen, u.a. aus der Feder kirchlich angestellter Sektenbeauftragter und Theologen stammende, polemisierende und apologetische Schriften zu diesem Thema, die totalitäre Strukturen, Entfremdung von den Familien und Gehirnwäsche bei den neuen Sekten feststellten und verurteilten.[c] Diese Sekten standen also für Anomie schlechthin, sie drohten die Gesellschaft zu unterwandern und ins Chaos zu stürzen. Tatsächlich ist es auch darum ruhig geworden und über die Mitgliedszahlen gibt es nur Vermutungen, die zwischen 150000 und 2000 (sic!) schwanken.[ci] Über die Sekten gab es drei Grundannahmen, nämlich erstens den *„Pathologieverdacht gegen die Mitglieder"*, zweitens *„Indoktrination, Verführung und Gehirnwäsche"* als Konversionsmotive und drittens *„wird unterstellt, dass die bei Sektenmitgliedern wirksamen psychologischen Mechanismen – ödipale Identifikation mit autoritären Führungspersönlichkeiten oder narzisstische Verschmelzungswünsche in der familienartigen religiösen als 'sozialen Uterus'- soziale Randphänomene seien (Barz)."*[cii]
Inzwischen werden diese Dinge differenzierter gesehen. Zum einen haben sich die Mitgliedszahlen der Sekten nicht in der erwarteten Art und Weise erhöht, sondern scheinen zu stagnieren, zum anderen ist selbstkritischen Theologen und Psychologen klargeworden, dass viel von der Apologetik gegen die Sekten schlicht auf Projektionen beruhte.[ciii] Kirchen sind ja auch nichts anderes als ehemalige Sekten, die sich durchsetzten und die Sorge tragen, nun ihrerseits von den neueren religiösen Bewegungen abgelöst zu werden, wie sie selbst einst die hellenistischen und gnostischen Gruppierungen im römischen Reich abgelöst hatten. Die erstaunlichste Erkenntnis beim neuen Umgang mit diesem Thema ist die, dass Sektenmitgliedschaft durchaus auch einen positiven Effekt mit sich bringen kann.

„Oft fangen diese Gruppen Menschen mit schweren psychischen Problemen, mit Beziehungsstörungen oder Drogenabhängigkeit weniger ein als vielmehr auf, indem sie ihnen einen neuen Lebenssinn, neue Problemdeutungen und stabile Handlungsorientierungen anbieten. Schon Nipkow (S.383ff.) interpretierte die zeitweise Mitgliedschaft Jugendlicher in solchen Gruppen als eine Art Passage-Ritual, in dem ein Rückzug aus der Welt der Erwachsenen, eine regelrechte 'Verpuppung' ('cocoon-work') stattfinde. Und bereits Siegert (S.414) erwog die These, dass es sich angesichts der unbestreitbaren resozialisatorischen Leistungen dieser Gruppen (z.B. für Suchtkranke) eventuell um eine kostengünstige Alternative zur traditionellen Psychotherapie handeln könne (Barz).“[civ]

Hier zeigt sich, dass zwischen Verurteilung und Nutzbarmachung manchmal nur ein schmaler Grat besteht. Diese religiösen Gruppen legen meist Wert auf Tugenden wie Askese im weitesten Sinne, Unterordnung und Pünktlichkeit, die in unserer Kultur ansonsten wenig geschätzt werden. Sie trainieren ihre Mitglieder also mehr Selbstdisziplin an, wodurch sie *„eine integrative Funktion in der Gesellschaft* (Kehrer)“[cv] einnehmen können. Pathologische Folgen der Sektenmitgliedschaft lassen sich in den letzten Jahren nicht bestätigen, höchstens während oder in Folge des Ausstiegs.[cvi]

Der Okkultismus: Eine Freizeitkultur?
Barz beurteilt dieses Thema ähnlich gelassen, wie das der Jugendsekten. Auch hier *„klaffen reale Bedeutung und mediale Präsenz weit auseinander* (Barz).“[cvii]
Es gibt *„Interessengruppen, die von z.T. künstlich geschürten Bedrohungsgefühlen profitieren* (Barz).“[cviii] Auch sind die empirischen Befunde verzerrt und von geringer Validität. Sicher ist, dass okkulte Phänomene im Volksglauben, wenn man auch

die Astrologiegläubigkeit hinzurechnet, seit einem Tiefpunkt Anfang der achtziger Jahre, wieder an Ansehen gewonnen haben.[cix] Medienberichte über okkulte Praktiken haben Horrorszenarien gezeichnet, die *„das Syntom als Ursache ausgegeben (Barz)"* haben.[cx] Okkultes Interesse hat ja eine Vorgeschichte, die in diesen Berichten selten behandelt wird.

So hatten z.B. bei einem *„durch die Medien geschleusten Vorzeigesatanisten […] die lebensgeschichtlichen Demütigungen, und Ohnmachtserfahrungen, der Mangel an familiärem Rückhalt und der Tod wichtiger Bezugspersonen, die Suche nach einer adäquaten, d.h. 'schwarzen' Symbolik geradezu vorprogrammiert […] (Barz)."*[cxi] Etwa 25% der Jugendlichen beschäftigen sich mit okkulten Praktiken. Nach einer anderen Umfrage (Mischo) betreiben 32.1% der Jugendlichen okkultistische Praktiken, wovon 10,3% der Jugendlichen insgesamt psychisch gefährdet sind, die übrigen 21,8% jedoch Okkultismus ohne psychische Instabilität betreiben.[cxii] Barz kritisiert an der obigen Studie, dass die 10,3% gefährdeter Jugendlicher durch Ankreuzen des Items: *„Es hat mir Angst gemacht"* herausgefiltert wurden. Er kann sich viel eher vorstellen, dass ein Eingeständnis von Angst ein Zeichen psychischer Gesundheit ist.[cxiii] Besonders für stark religiös sozialisierte Jugendliche besitzt der Okkultismus eine hohe Attraktivität (Barz; Mischo; Helsper).[cxiv]

Die Angst, und das heißt auch die Spannung des Unheimlichen, ist überhaupt entscheidend für die Attraktivität okkulter Praktiken. Barz beschreibt auch andere Anknüpfungspunkte für okkulte Potentiale im Alltag.[cxv] Diese gruppieren sich um drei Pole:

Wüschenswertes: Alle Dinge, die die Jugendlichen mit ihren finanziellen Möglichkeiten nicht erreichen können, auch Spannung, auch Wiederverzauberung der Welt.

Ängstigendes: Tod und Jenseitsperspektiven, Bedrohungs-gefühle.

Unerklärliches: Deja-vu-Erlebnisse, Wahrträume, Zufälle u.ä..
Barz liefert in Rückgriff auf die Anomietheorie von Merton die
Erkenntnis, dass Okkultismus eine typische Kollision von Zielen
und Mitteln bei den Jugendlichen entschärft,[cxvi] indem diese
Praktiken Macht und Spannung nahezu ohne Mittel
hervorzubringen scheinen. Barz äußert weiterhin den Verdacht,
dass die *„Sinn-Defizit-Hypothese"*, die zur Erklärung des okkulten
Interesses der Jugendlichen hier nicht gebraucht, jedoch vor
allen Dingen von den Kirchen lanciert wurde, weil *„ihr Pedant
natürlich die Missionierung für das eigene christliche
Glaubenssystem"* sei und weil bei den betroffenen Jugendlichen
wie bereits erwähnt eher ein zuviel an (christlichen) religiösen
Sinndeutungen vorhanden war als zuwenig. (Barz;
Hunfeld/Dreger; Mischo; Helsper.).[cxvii]

New Age: Neue Normalität
Das Thema „New Age" hat seine Brisanz völlig verloren.
Inzwischen sind die neuen Praktiken die die New-Age-
Bewegung angeboten hat, nahezu zum Allgemeingut geworden.
Entspannungs-, Meditations-, Wahrsagetechniken und
überhaupt Techniken zur Kultivierung des psychischen
Innenraums und von Lebensintensivierung werden heute von
den Volkshochschulen angeboten, von den Kirchen, von
Klöstern, von vielen freien Trägern innerhalb eines
unüberschaubar vielfältigen esoterischen Marktes. All das regt
kaum noch jemanden auf. Vielmehr setzten sich die
ganzheitlichen, manchmal wissenschaftsfeindlichen, manchmal
spirituell-technisierten Ansichten der ehemaligen New-Age-
Bewegung in weiten Teilen der Bevölkerung durch.[cxviii] Sie
bilden dort ihre Zentren *„wo auch der säkulare Konsum seine
Hochburgen, der normale Verkehr seine Knotenpunkte, das
Geschäftsleben seine Zentren hat* (Neuhoff)." [cxix]

Aufgeklärte Geister sehen die Verbreitung esoterischer Weltbilder und Techniken oft kritisch. Barz nennt einige der gängigen Vorwürfe an das New Age, das als *„Konsumreligion, als Rückfall hinter die Aufklärung, als unpolitisches ʿFriede-Freude-Eicherkuchenʹ-Sedativum, als Selbsterlösungshybris, als Ego-Trip, als Fluchtbewegung, als irrational und damit parafaschistisch, als Kapitulation vor den realen Problemen etc. (Barz)*[cxx]" gebrandmarkt wird.

Barz verweist auf Stenger[cxxi] und dessen These, dass die esoterische Bewegung nicht einfach etwas wiederentdeckt, das mit der Post-Moderne nichts zu tun hätte.

Vielmehr wird aufgrund der Entwurzelung des Einzelnen und des Zerbrechens von ethischen und Sinnormen in der äußeren Gesellschaft eine neue Reflexivität durch Kultivierung des psychischen Innenraums notwendig. Es werden hier innerseelische Kompetenzen angeboten, die dringend notwendig sein können, um den Anforderungen der heutigen Gesellschaft gerecht zu werden. Man könnte auch weiter folgern, dass „Esoterik" als eigene Sparte erst durch die rein exoterische, d.h. nach außen und auf das Materielle gerichtete FoKussierung unserer Kultur entstehen konnte, während bei anderen Kulturen das soziale Leben mehr von Spiritualität durchdrungen war.

Fundamentalismus: Eine Maske der Moderne
Auch bei diesem Thema bemüht sich Barz um eine andere und erweiternde Sichtweise. Zunächst konstatiert er wiederum die fehlenden Messergebnisse für die Verbreitung von Fundamentalismus in Europa hin. Auch hier scheint eine Lücke zwischen der Bedeutung des Themas in öffentlichen DisKussionen und seiner tatsächlichen Relevanz zu klaffen. Immerhin wird auch wissenschaftlicherseits ein Anwachsen von

jüdischen, christlichen und islamischen Ausprägungen des Fundamentalismus angenommen.[cxxii] Barz schreibt: *„Am wenigsten strittig dürfte die gesellschaftliche Relevanz einer Erneuerungsbewegung sein, die ebenfalls unter dem Begriff des Fundamentalismus rubriziert wird: der politische Fundamentalismus von Teilen der ökologischen Bewegung. (Barz).“*[cxxiii]

Um den Fundamentalismus zu verstehen, sind andere Deutungsmuster notwendig. *„Nicht Gefühle sind hier Geltungskriterium, sondern der Glaube an einen sicheren, ahistorischen Seinsaspekt. Nicht Kälte wird gefürchtet, sondern Sinnverlust (Ziehe).“*[cxxiv] In den vergangenen vierzig Jahren haben sich Teile Islam radikalisiert, wahrscheinlich um Ohnmachtsgefühle zu kompensieren, die beim Aufprall jahrhundertealter patriarchalischer Strukturen auf die westliche Moderne zu kompensieren. Aber auch viele gut assimilierten Jugendliche, besonders Türken der dritten Generation haben sich dem Islam wieder zugewandt, um ihre Identität zu schärfen und zu stärken. Auch hier mag es sich um eine Kompensationsbewegungen handeln, da türkisch-stämmige Menschen noch immer das Gefühl haben, nicht ganz dazuzugehören. Der Salafismus hat in den letzten Jahren zugenommen. Er bietet die vermeintliche reine Lehre aus der Zeit des Propheten an, eine einfache Ideologie in einer komplizierten Welt. Saudi-Arabien finanziert seit vielen Jahren seine Version des Islam, den Wahhabismus und hat eine weltweite Wendung des Islam zurück zum Konservativismus hervorgerufen. Dies mag zu einer weiteren Marginalisierung dieser Religion führen, was den post-modernen Diskurs anbelangt. In den nächsten Wochen (Anfang 2019) sollen 350 Islamisten und Gefährder aus den französischen Gefängnissen freikommen. Islamistische Netzwerke versuchen sich immer wieder auch in Deutschland auszubreiten, durch Vereine, Läden,

Projekte. Auch die neue Moschee in Köln wird für Treffen mit Islamisten missbraucht. Der deutsche Staat hat jahrelang darin versagt, reformbereite oder liberale islamische Gemeinden und Theologen zu fördern und in die entscheidenden Gremien zu befördern und stattdessen auf die türkischen Staatsbeamten gesetzt, die Erdojans Propaganda direkt in die Moscheen tragen, sowie den von Saudi-Arabien finanzierten Projekten freie Hand gelassen, die einen Steinzeitislam favorisieren. Der deutsche Staat wurde selbst von einem Religionsminister aus den Arabischen Emiraten gewarnt, dass es keine gute Idee ist, die salavistisch/islamistische Szene ohne Regulierung und Kontrolle gewähren zu lassen.

Thomas Meyer bezieht sich auf das Verhältnis des Fundamentalismus zur Moderne: *"Fundamentalismus ist der selbstverschuldete Ausgang aus den Zumutungen des Selberdenkens, der Eigenverantwortung, der Begründungspflicht, der Unsicherheit und der Offenheit aller Geltungsansprüche, Herrschaftlegitimation und Lebensformen, denen Denken, und Leben durch Aufklärung und Moderne unumkehrbar ausgesetzt sind, in die Sicherheit und Geschlossenheit selbsterkorener absoluter Fundamente (Meyer)."*[cxxv]
Barz teilt diese Stigmatisierung von „*Sitzenbleibern der Moderne*" nicht mehr, sondern hält eine „*Interpretation* [für] *tragfähiger, die die gemeinsame Geschichte von fundamentalistischen Bewegungen und Modernisierungsschüben in Rechnung stellt (Barz)."*[cxxvi] „*Es lässt sich zeigen, dass gerade Phasen des beschleunigten technologischen, ökologischen und sozialkulturellen Wandels in den letzten beiden Jahrhunderten immer mit **Wiederverzauberungsbemühungen** einhergingen (Barz)."*[cxxvii] Barz verweist weiterhin auf die Gleichzeitigkeit der ersten industriellen Revolution und der Entstehung der Romantik am Beginn des 19. Jahrhunderts und auf das

Aufkommen der neoromantisch-völkischen Bewegung zur letzten Jahrhundertwende in einer Zeit der Revolution der Verkehrstechnik, sowie auf den heute zu verzeichnenden Neotraditonalismus, der sich gegen die Globalisierungsbemühungen zu stellen versucht.[cxxviii]

*„Fundamentalistische und faschistische Gegenbewegungen sind keine Vergangheitsreste, Übergangserscheinungen oder Schwellenphänomene. **Sie gehören der Moderne voll und ganz an**, sie entstehen überhaupt erst im Zuge und in der Folge des Modernisierungsprozesses, auch wenn sie gegen ihn opponieren und sich dazu in der Vergangenheit liegender oder in sie hineinprojizierter Orientierungspunkte bedienen* (Klinger S.784).“[cxxix] Fundamentalistische Akteure bedienen sich aller Mittel der Moderne, besonders der Kommunikationsmittel und sind ihr damit auch ausgeliefert. Ein Beispiel dafür sind die Nationalsozialisten, die aufgrund der Eigendynamik ihrer politischen Ziele einen Technologie- und Reformschub bewirkten und die Industrieproduktion vorantrieben, obwohl sie doch eigentlich ein bodenständiges Bauerntum und ein ständisches Handwerk zu ihrem kulturellen Zielen erhoben hatten. Auch der „Islamische Staat“ bediente sich massiv westlicher Errungenschaften, wie Panzern, dem Dollar und dem Internet, um das zu sein was er war. Der Fundamentalismus versucht durch Vereinfachung der Welt sowohl der Moderne, wie auch dem Zweifel zu entkommen und bleibt doch unentrinnbar mit beidem verbunden.[cxxx] Fundamentalismus muss nicht immer umstürzlerisch sein, er kann sich auch als Konservativismus zeigen.

Eine weitere Art des Fundamentalismus ist *das moderne Denken selbst* (Keupp).[cxxxi] Dies zeigte sich immer wieder im Umgang der Europäer mit anderen Kulturen. Ihr auf Vernunft und Ratio aufgebautes Denken konnte mythische Zusammenhänge, die für nahezu alle anderen Kulturen *das* Paradigma von Sinnstiftung bildeten, einfach nicht nachvollziehen. Jene Vorstellungen anderer Völker, die eine Verbundenheit aller Wesen und Dinge miteinander im Universum unterstellten, erscheinen im Lichte moderner physikalischer Erkenntnisse als erstaunlich zeitgemäß; das auf Decartes aufbauende europäische Denken dagegen, das von einer totalen Subjekt-Objekt-Trennung ausging, als unzutreffend. So kann die ganze Moderne als ein totalitäres Projekt verstanden werden.

Sinndefizit: Eine Unterstellung der alten Eliten?
Zusammenfassend stellt Barz fest, dass *„der religions-wissenschaftliche Diskurs [...] über weite Strecken v.a. etwas von den Ängsten, Verunsicherungen und Interessen seiner Teilnehmer (verrät) (Barz).“*[cxxxii] Das Reden vom Sinndefizit gibt eher das Befinden der Wissenschaftlergeneration wieder, nicht das der Jugend. Diese zeigt sich in diesen Fragen erstaunlich pragmatisch und bodenständig. Jenseitsbezogene Glaubenssysteme stehen keineswegs hoch im Kurs.[cxxxiii] *„Als wichtigste Lebensziele ermittelte Schmidtchen* [cxxxiv] *im Jahre 1986: Einen interessanten Beruf, Rückhalt im Bekanntenkreis, finanzielle Absicherung, erfüllende Partnerschaft und ein Leben in Harmonie mit sich selbst und anderen.*
Während diese Ziele jeweils von über 90% der 2200 Befragten im Alter zwischen 15 und 30 Jahren als ʹwichtigʹ oder ʹsehr wichtigʹ eingestuft wurden, ordneten 78% dem Item ʹeinen festen Platz im Glauben habenʹ die Bewertung weniger wichtig zu. (Barz)“[cxxxv] In Barz eigener Studie *„wurden als wichtigste Säulen des individuellen Glücks die bewährte Freundschaft, die Geborgenheit in der Partnerbeziehung bzw. in der Familie, ein gehobener Lebensstandart, Freiheit und Selbstkongruenz sowie Zufriedenheit im Beruf identifiziert (Barz).“*[cxxxvi]

Ronald Inglehart[cxxxvii], vertritt sinngemäß die These dass die *„zunehmende Lebenssicherheit"* solche Normenkataloge, wie die Zehn Gebote überflüssig machten und dass durch die Technisierung der Umwelt die Hirtengeschichten der Bibel ihren Kontext und ihre Gültigkeit verloren hätten. Die Sinnfrage wurde nicht dramatisiert und sondern durch ein innerweltliches Glücksstreben ersetzt.

 Ausgerechnet *„das Festhalten am traditionellen christlichen Religionsmodell [korreliert] mit materialistischen Einstellungen [...]. Inglehart* [cxxxviii] *jedenfalls hat [...] Interesse an Sinnfragen, religiöse Ansprechbarkeit im weitesten Sinne eher bei den postmaterialistisch eingestellten Bevölkerungsgruppen festgestellt, die der jüdisch-christlichen Tradition gegenüber kritisch eingestellt waren. (Barz)"*[cxxxix]

Diese Feststellung gilt nicht für die DDR-Zeit. Hier waren die „Jungen Gemeinden" religiöse Suchbewegungen innerhalb einer religiös desinteressierten Umwelt: *„`Drüben´ waren es weniger die Angepaßten und Braven, die sich kirchlich engagieren, sondern eher diejenigen, die nach Nonkonformismus, unkonventionellen Lebensstilen und Subkulturnähe trachteten (Eiben; Barz; Melzer)"*[cxl]

Barz stuft die derzeitigen anomischen Tendenzen zusammenfassend als wenig dramatisch ein.[cxli] Seine Beurteilung betraf aber vor allem die Sekten der späten Neunziger Jahre. Heute im zweiten Jahrzehnt des neuen Jahrtausends hat sich wie bereits erwähnt der Islam durch ständigen Zustrom von neuen Flüchtlingen eine Sonderstellung erkämpft, die wieder stärkere Tendenzen zur Anomie besitzt.

Wenn jedoch unter Anomie heute nicht mehr primär ein Normenbruch verstanden wird, sondern wie bereits zitiert *„ein Zustand, in dem es an sozialen Regulationsmodi mangelt, um wesentliche gesellschaftliche Probleme hinreichend angehen und für alle Beteiligten erwartbar und hinnehmbar gestalten zu* *können* (Bohle/Heitmeyer/Kühnel/Sander)[cxlii], dann werden religiöse Sonderformen als Teil der post-modernen Gesellschaft zu akzeptieren sein. Wenn Vielfalt zur einer wichtigen Eigenschaft unserer Gesellschaft wird, ist ein Teil dessen, was früher unter Anomie verstanden wurde, zu einem integrativen Normalfall geworden. Wie aber kann Integration noch stattfinden, wenn die Intoleranz früherer Zeiten nicht der Toleranz, sondern der Gleichgültigkeit und Sprachlosigkeit weicht? Die Antwort darauf lautet, wie beim Thema der modernen Kommunikation noch zu zeigen sein wird, *dass Integration in der Post-Moderne die Bedeutung eines versteckten Nebeneinanders* erhält, denn Vielfalt und Integration zu *einer* Kultur schließen sich *per se* aus. **Das Reden von post-moderner Vielfalt gilt aber nur jenen, die mit der neuen Freiheit klarkommen,** die z.B. auch Arbeitslosigkeit als Chance für sich verstehen können, nicht aber jenen, die unter dem Eindruck des Überflüssig-Seins leiden. Wenn die alten Sinnzuschreibungen durch Religion und Brauchtum zerbrechen, wird dem Einzelnen viel zugemutet und gerade weltliche Sinnzuschreibungen können jederzeit in sich zusammenfallen, andererseits wurden innerpsychische Kompetenzen in unserer Gesellschaft lange Zeit vernachlässigt. Intellektuelle haben die besten Chancen mit diesen Risiken fertig zu werden, da sie reflektieren, sich distanzieren und über Alternativen nachdenken können. Wie aber sieht es mit jenen aus, die diese innerpsychischen und intellektuellen Kompetenzen nie erworben haben? Das eigentliche Anomieproblem in unserer Zeit liegt darum in der unspektakulären stillen Verzweiflung vieler, die sich innerhalb der eigenen vier Wände verstecken. Der Konsum von Alkohol und anderer weicher Drogen ist bis zu einem gewissen Grade zu einer Voraussetzung für das Funktionieren unserer Gesellschaft geworden ist, und damit nach obiger Anomie-Definition von Bohle/Heitmeyer/

Kühnel/Sander, obwohl der Norm entsprechend, doch *ein Anzeichen von Anomie ist.* Jene aber, die sich als Angehörige ihrer Gruppe oft mit Zottelbärten und Roben bizarr präsentieren, verfügen immer noch über einen Sinn- und Zugehörigkeitsmodus. Wie stabil und expansiv diese islamischen Parallelgesellschaften in Zukunft sein werden, wird sich noch zeigen. Die Geburtenrate wird dabei eine größere Rolle spielen, als Religionsübertritte. Wie es der algerischer Staatspräsident Houari Boumedienne 1974 sagte: *„Eines Tages werden Millionen Menschen die südliche Hemisphäre verlassen, um in der nördlichen Hemisphäre einzufallen. Und gewiss nicht als Freunde. Denn sie werden als Eroberer kommen. Und sie werden sie erobern, indem sie sie mit ihren Kindern bevölkern. Der Bauch unserer Frauen wird uns den Sieg schenken".*

Flucht vor oder Suche nach Freiheit?
Zum Einen wurde deutlich, dass viele Menschen, die in die postmoderne Freiheit entlassen wurden, nach neuen spirituellen oder religiösen Sinnangeboten suchen, innerhalb derer sie selbst sicherer leben können. Zum Anderen scheint das neue Selbstbewusstsein und die Suchbewegung der Bevölkerung in spirituellen Fragen dem Eindruck von einer fortdauernden Unfreiheit durch subtile Zwänge des Marktes zu widersprechen. Die Existenz des esoterischen Marktes zeugt ja von Frei- und Leerräumen, die wieder aufgefüllt werden wollen, denn *nur wo es Freiheiten gibt, kann es Suchbewegungen geben.* Diese religiöse Suche muss aber durchaus keine unbewusste Suche nach neuen Zwängen sein. Ganz im Gegenteil!
Sie deutet nun zwar auf die Flucht vor den sinnentleerten Freiheiten der Moderne hin, sie kann aber auch als die Suche nach der Befreiung von den Zwängen der Moderne verstanden werden. Spiritualität ist anders als Religion, die auf feste

Dogmen setzt, immer eine Suchbewegung nach mehr Freiheit. Wie lässt sich dieses offenkundige Paradox lösen? Ich interpretiere es als Suche nach Ganzheit, die wie ich darzustellen versuchte, von selbst eine Ethik des Mitgefühls hervorzubringen imstande ist.

Dagegen ist Freiheit, gedacht als Loslösung von allem, verstanden als eine Selbstverwirklichung, die auf Isolation gründet, ein Konstrukt westlicher Moderne. In Wirklichkeit meint Freiheit im spirituellen Sinne, wie sie die meisten Kulturen verstehen, eine Rückkehr zu einer natürlichen Verbundenheit, zu einer Rückverbindung mit dem Universum und dem Göttlichen.[cxliii] Der Tanz bei Festen und Riten ist der beste Ausdruck einer vorübergehenden Wiedereinfügung von Körper und Geist in die kreisenden kosmischen Abläufe. Damit bekommt Freiheit die Bedeutung einer Freiheit *von sich selbst* als isoliertem Ich, von den eigenen allzu egozentrischen Zwängen, hin zu einem anderen Leben, das größeren Gesetzen folgt. Die neuen religiösen Bewegungen deuten, wie mir scheint, zumindest zum Teil auf die Suche nach einer solchen Freiheit von sich selbst hin. *Sie zeugen also gleichzeitig von Freiheit ohne Sinn und der Suche nach Freiheit mit Sinn.*

Ein Teil der auf Erlebensintensivierung ausgerichteten Angebote von Esoterik und Freizeitindustrie scheinen den Egozentrismus der Teilnehmer geradezu auf die Spitze treiben zu wollen. Das Sich-Gut-Fühlen oder der besondere Kick, welche auf Isolation gründen, haben mit dem Begriff der Spiritualität, wie ich ihn hier vertrete, nichts zu tun. Spiritualität meint Reifung, Ganzwerdung und Selbstreflexion, d.h. einen Weg, der zur Einsicht in das führt, was wirklich *da* ist, nicht in das, was erträumt und gewünscht wird.

Moderne Kommunikation

In seinem Buch „Die Bindung der Unverbindlichkeit" versucht Uwe Sander eine alternative Position zur gängigen Kritik an der Moderne aufzuzeigen, die nicht nur die Defizite, sondern auch die Verdienste moderner Beziehungen, insbesondere die mediatisierter (distanzierter) Kommunikation in den Blick nimmt.[cxliv] *„[...] gerade in der jetzigen Zeit, da die Bindungsfrage zur neuen sozialen Frage avanciert, erleben einschließende (und damit auch ausschließende) Kategorien wie Nation, Gemeinschaft oder Kultur als Heilmittel gegen den unterstellten gesellschaftlichen Zerfall eine weltweite Renaissance ."*[cxlv] Dies trifft besonders auf die neuen nationalistischen Parteien zu, von Trump bis Erdojan von Kurz bis Putin.

Sander möchte den Blick aber auf jene gesellschaftlichen Bindungskategorien richten, die die Gesellschaft stabilisieren, ohne jedoch gleich in das Raster von Tugenden wie Nähe, Empathie und stabiler Bindungen zu fallen. Der von ihm verwendete Begriff der Mediatisierung und der mediatisierten Kommunikation wird vom Stigma der sozialen Kälte und Entfremdung emanzipiert. Mediatisierte Kommunikation leistet viel in unserer Gesellschaft, sie hält diese zusammen und am Funktionieren. Sander weist darauf hin, dass es einen normativen Konsens innerhalb dieser Kommunikationsart gibt, über was alles erst einmal nicht und wahrscheinlich nie gesprochen wird, z.B. nicht über die privaten Normen und Überzeugungen, die Ängste und die Beziehungen. Sie schafft Vertrauen zwischen Fremden, ohne das ein Leben innerhalb der Großstädte zur Tortur werden würde. Diese Art der fragmentieren Kommunikation wird durch Plattformen wie Instagram, Facebook und Whatsapp noch weiter verstärkt. Hier tritt die Gleichzeitigkeit des sich Zeigens und sich Versteckens sehr deutlich zu Tage, die alle Bereiche des menschlichen Lebens durchzieht.

Soziale Distanz nur als Defizit zu beschreiben, übersieht aber deren Möglichkeiten. Sie ist geradezu ein Möglichkeitsraum für verschiedenste Abstufungen sozialer Beziehungen und auch *„eine unabdingbare Voraussetzung dafür, die Beziehungsstruktur konkreter Interaktionen mit einem Wahl- oder Umschalt-mechanismus von Distanz und Nähe und umgekehrt auszustatten.“*[cxlvi]

Ein weiteres Privileg bringt die distanzierte Kommunikation für deren Teilnehmer mit sich: Sie ermöglicht „`*Verständigung über die Nichtkommunikation des Inkommunikablen (Luhmann), hält sich jedoch die Option offen, das Inkommunikable jederzeit doch als Kommunikables zu verstehen und auch zu kommunizieren (Sander).*“[cxlvii] Nichtthematisierung von Themen und Problemen kann also auch eine Bewältigungsstrategie für eine funktionierende Kommunikation verstanden werden. Bei Kommunikation in engeren Sozialbeziehungen kann Verschweigen bestimmter innerer oder äußerer Tatsachen ein Problem darstellen, sobald das Verschwiegene zutage tritt.[cxlviii] Das Schweigen über Dinge hat aber sein Recht und seinen Platz in distanzierten modernen Alltagsbegegnungen, wie z.B. am Bankschalter. Es *„braucht schwache soziale Bindungen und gering ausgebildete Gemeinschaftlichkeit, dafür jedoch ein gehöriges Maß an Anonymität und wechselseitiger `Gleich-Gültigkeit´ (vgl.Radtke); kurz: genau das, was die Kategorie der mediatisierten Kommunikation umreißt (Sander).*“[cxlix] Aus dem Zusammenhang wird auch später deutlich, dass der hier verwendete Begriff der Gleichgültigkeit auf des Wortes ursprünglichere und positivere Bedeutung hinweist, wonach das Unkommunizierte beider Seiten unangetastet und damit jedes für sich gleich gültig bleibt.

Dieser Effekt tritt aber nicht aufgrund offener und interessierter Toleranz auf, sondern eben durch Gleichgültigkeit im heutigen wertenden Sinne. Durch die distanzierte Gleichgültigkeit moderner Kommunikation bleiben die vielfältigen nicht ausdiskutierbaren Dispositionen damit gleich gültig.

Während die negativen Konsequenzen mediatisierter Kommunikation die auf die Entfremdung hinauslaufen, oft diskutiert werden, geraten deren positive Konsequenzen noch wenig in den Blick.

„Sie zeigen sich in dem modernen, gänzlich unpathetischen Umgang einander fremder Menschen" miteinander, die *„auf den Kunstgriff verzichten* [können]*, soziale Distanz über zeremonielle und z.T. kunstfertig ritualisierte Vorspiegelungen sozialer Nähe zu ermöglichen* (Sander)."[cl]

Sander beschäftigt sich dann mit der Frage *„was Gesellschaften zusammenhält und* [...] *wie eine 'multikulturelle' Gesellschaft integriert, also wie 'Fremde' in eine Gesellschaft eingegliedert werden* (Sander)."[cli] Diese beiden Diskurse werden zusammengefasst, da, worauf Sander hinweist, das Fremde zu unrecht an Migranten, die von außen kommen, festgemacht wird, es vielmehr allgegenwärtig und Teil der eigenen Gesellschaft geworden ist. Der soziale Wandel hat eine Dynamik bekommen, die sogar vielen Reformern Angst macht, und diese soziale und normative Inseln aus der Vergangenheit zu Bausteinen einer stabileren Zukunft machen möchten. Durch den Versuch der *„Bestandserhaltung bzw. Revitalisierung verschütteter Traditionen"*, den Gesellschaftstheorien jetzt unternehmen, werden die tatsächlichen Kräfte, die die Gesellschaft zusammenhalten, jedoch *„zunehmend idealtypisch konstruiert und damit immer weiter von gesellschaftlicher Wirklichkeit entfernt* (Sander)."[clii] Die gegenwärtige Gesellschaft kennt aber keine Kluft mehr zwischen Gegenwart und Utopie, nur die Angst vor der Zukunft.

Die Moderne besteht aus drei Teilen: Als Vorhut der *„Wirtschaft, Technik, Wissenschaft, Kunst, usw."* als *„Nachhut Ethik, Moral, soziale Ordnung usw.* (Sander),"[cliii] und in der Mitte der

Gegenwart. Der Nachhut wird nun von Kritikern die Rolle zugeschrieben, die ganze Gesellschaft zu zügeln und weiterhin in richtige Bahnen zu lenken. Da dies nicht gelingt, sind viele unzufrieden. Sander vertritt nun folgende These: *„Nicht die Gesellschaft in der Moderne ist latent gefährdet, sondern die Vorstellungen und Paradigmen über Gesellschaft [...] (Sander).“*[cliv]

Die kommunitaristische Bewegung versucht die negativen Auswirkungen der kapitalistischen Marktwirtschaft durch Forderungen nach mehr Gemeinschaftlichkeit zu begegnen. Sander meldet hier Skepsis an, sowohl was den Universalismus der geforderte Werte und deren Durchsetzbarkeit anbelangt, und glaubt auch, dass die *„verschiedenen Vorstellungen und Ideale einer Wieder-Vergemeinschaftung sich kulturell ausdifferenzierender Gesellschaften, [...] zunehmend selbst zu einer gesellschaftlichen Belastung [werden] (Sander).“*[clv]
Die klassischen Gesellschaftstheorien, die noch heute herangezogen werden, um den Zustand der Gesellschaft zu beleuchten, stehen für Sander im Verdacht *„schon immer inadäquate Konzepte zur Beschreibung der Moderne verwendet [zu] haben, die hochgradig traditionsfixiert waren.“*[clvi] Deshalb mussten sie auch zu einer negativen Sicht moderner Entwicklungen gelangen. Daher sieht Sander in der unvoreingenommenen Betrachtung von dem, was tatsächlich da ist, sich tatsächlich ereignet, eine wichtige Aufgabe auch seines Buches. Welche neuen Arten von Bindungen und Kommunikation verbergen sich z.B. hinter der scheinbaren Bindungslosigkeit und Distanziertheit in modernen Gesellschaften?

Solange eine Gesellschaft existiert, muss sie von einer bestimmten Art von Beziehungen zusammengehalten werden, auch wenn diese sich zuerst als Nicht-Beziehungen präsentieren. Sander sagt nun, dass es so aussieht, dass *„ausdifferenzierte Gesellschaften in der Tat auf dem nur scheinbaren Paradoxon von Bindungslosigkeit basieren (Sander).*"[clvii] Genau diese Distanz hielte dann die modernen Gesellschaften zusammen, anstatt sie zu zerstören. Aus einer Sünde ist damit eine Tugend geworden.

Bisher war man allgemein der Auffassung, dass Moralität und Ethik, also die sozialen Bindekräfte der Gesellschaft, immer wieder vor der von der industriellen und wissenschaftlichen Entwicklung bewirkte Erosion bewahrt und wieder hergestellt werden mussten.

Wenn nun aber die Moderne sozusagen für sich selber sorgt, hieße das, dass sich die modernen Humanisten nicht mehr in agitatorischen Rettungsversuchen verschleißen mussten, eigentlich – überspitzt gesagt - mussten sie gar nichts mehr tun.

Sander verweilt beim Thema der multikulturellen Gesellschaft bei negativen Auswirkungen, der gegenwärtigen Debatte. Das Reden von der Multikulturalität meint ja, dass es immer noch scharfe Grenzlinien zwischen homogenen Kulturen gäbe, die nun aufgefordert sind, sich gegenseitig zu ertragen. Die Unterschiede innerhalb der modernen Gesellschaft können aber weitaus größer ausfallen, als die Unterschiede zwischen den Kulturen, hier zwischen den Europäern einerseits und Migranten andererseits (vgl. Bukow/Llaryora).[clviii] Es gibt viele Teilkulturen in der modernen Gesellschaft, die sich völlig voneinander emanzipiert haben, die sich auch nicht mehr wahrnehmen, da sie sich oft in funktionale, in ideologische, emotionale, räumliche u.a. Nischen zurückgezogen haben. Der Versuch, diese wieder zu integrieren, könnte anstatt irgendein Problem zu lösen, selbst Probleme schaffen.[clix]

Denn mit einemmal stellt sich das Problem von Normenhegemonie und von Toleranz. In Indien gibt es ein Sprichwort, das sagt, Wahrheit sei ein zu wertvolles Gut, als dass man es unvorsichtigerweise verschwenden sollte. In unserer Kultur hat sich dagegen ein voyeurhafter Blick auf die verschiedenen Wirklichkeiten durchgesetzt, der sowohl der angenommenen Sensationsgier der Zuschauer gerecht werden will, wie auch dem modernen Wahrheitsverständnis, wonach Nähe und völlige oft schamlose Transparenz der Sicht auf Wahrheit immer dienlich sei. In diesem hier angesprochenen Bereich wäre es nun gut schlafende Hunde nicht zu wecken. Nach Sanders Dafürhalten wäre es besser, die vielen Teilkulturen in ihren unsichtbaren Nebeneinander zu belassen, als ihre Unterschiedlichkeit hervorzulocken, zu problematisieren und wieder aneinander anzugleichen versuchen.[clx] Das dies doch eines Tages notwendig sein wird, wenn die Freiheit aller bedroht ist, wurde bereits angedeutet.

Unsere Gesellschaft erträgt ihre normative Vielfalt nicht aufgrund weitverbreiteter, aufgeklärter Toleranz aller Beteiligten, sondern aufgrund von Gleichgültigkeit und Nicht-Wissen, was aber *„dieselben praktischen Konsequenzen* [hat]*, sie ermöglichen beide die Koexistenz inkommensurabler Lebensmuster* (Sander).“[clxi] Auf diese Weise *„entfallen Integrationszwänge weitgehend* (Sander).“[clxii]
Sozialer Wandel muss und kann also nicht mehr therapiert werden, weil er sich eben nicht aufhalten und mit Hilfe alter Raster nicht verstehen lässt. Dennoch ist in Gestalt der mediatisierten Kommunikation *„ein neuer, noch nicht genau untersuchter Überbau der Unverbindlichkeit im Entstehen begriffen.* (Sander).“[clxiii]
Heute werden ganze Bevölkerungsgruppen mit im Internet erworbenen Halbwissen über einen Kamm geschert. Das Denken in Klischees nimmt wieder zu, wie auch die Vorurteile, weil alles und jedes Negative in jeden Winkel der Welt getragen werden kann. Die sinnstiftende Funktion der alten Mythen

wurde durch die Vernunft zerstört, aber nicht ersetzt. Sander sagt nun, dass *mediatisierte Kommunikation einem gegen die Kälte der Moderne, aber auch gegen Verpflichtung und Einendung gerichteten mythischen Bedürfnis nachkomme.*[clxiv] Dies trifft besonders für die sozialen Medien zu. Dort bilden sich Gruppen und Gemeinschaften, die mit einem Mindestmaß an gegenseitigem Interesse auskommen und eigentlich nie viel bedeuten, außer einer Strukturierung des Alltags im Leben des Einzelnen zu dienen.

Mythen besitzen immer eine seltsame Dynamik, die mit den Paradoxien – die sich zwischen den Wünschen nach Freiheit und Geborgenheit abspielen - des Lebens spielt. Darum ist es interessant, einmal zu fragen, welche Dynamik dieses fundamentale mythische Bedürfnis genau besitzen könnte. Wenn wir zusammenfassen sollten, was die meisten Heldenmythen und –Märchen aussagen, so würde ich behaupten, dass sie von *Befreiung* und sprechen - meist symbolisiert durch den Aufbruch von zu Hause - und von einer *erneute Einbindung* in eine andere gute Welt oder gar einer Erschaffung einer solchen – oft durch eine Hochzeit dargestellt. *Freiheit und Geborgenheit* verheißen die Mythen immer wieder jenen, die ihnen folgen. Diese sind nur um den Preis des Aufbruchs zu haben, um den Preis des Verlassens der altvertrauten Heimat, aber auch um den Preis des Ankommens und des sich erneut auf das Leben Einlassens. Im Verlaufe des Weges des Helden wird das Fremde und Bedrohliche ihm vertraut, bzw. es wird bekämpft und ersteht in anderer, weniger bedrohlichen Form wieder auf. Dem Fremden ja wohnt ein Paradox inne, denn sobald es vertraut wird, hört es auf fremd zu sein. Der Frosch ist nach dem Kuss kein Frosch mehr. In der Moderne aber bleibt der Frosch (das Fremde) auch nach dem Kuss ein Frosch (was bedeutet, dass er nicht wirklich geküßt wurde), verliert aber als *solcher* seinen Schrecken. Das könnte eine geheime Verheißung der modernen Kommunikation, der Stadtkultur, der seit den sechziger Jahren blühenden Club- und Discokultur, ja der Moderne überhaupt sein: Das Fremde bleibt fremd und wird trotzdem weiterhin ertragen und das heißt, die Freiheit bleibt bestehen, *weil* das Fremde fremd bleibt und damit keine Ansprüche anmelden kann. Jedes mythische Geschehen strebt die Selbstvergewisserung an, dass die Welt letztlich nicht böse, sondern gut sei. Wenn sich ein Individuum nun immer wieder unter Fremden aufhält und dort aufgehoben fühlt, erlebt es genau diese Selbstvergewisserung, die Verheißung einer guten Welt, in der das Fremde seine Bedrohlichkeit verliert, denn das Bedrohliche an der Welt ist immer das Fremde!

Und es hat die Erfahrung der Befreiung gemacht, weil es Distanz halten kann, womit die beiden typischen mythischen Verheißungen bereits erfüllt zu sein scheinen: Freiheit und Geborgenheit.

Wenn dies das mythische Bedürfnis an der modernen Kommunikation ist, muss gefragt werden, ob seine Erfüllung nicht eine Illusion ist, denn Freiheit, die auf Distanz und Geborgenheit, die auf der Fremdheit des anderen beruhen, sind nicht Freiheit und Geborgenheit. Freiheit und Geborgenheit können nur dann wirklich erlebt werden, wenn das andere *erkannt* wird, wenn die Verbundenheit nicht nur gedacht, sondern erlebt wird. Darum meint die Stelle in der Genesis: „Und Adam erkannte sein Weib Eva (Gen.4.1.)." meiner Meinung nach nichts anderes, als dass durch gegenseitiges Erkennen (was nicht ausschließlich sexuell gemeint ist) das Paradies für einen Moment zurückkehrt, weil die Gegensätze für diesen Moment überwunden sind. In der Seelsorge ist gerade dieses Erkennen (was heißt, dass der Klient sich erkannt fühlt) ein magischer Moment, der das bewirkt, was Seelsorge, Freundschaft und Liebe überhaupt nur leisten können, eine kurze Aufhebung der Einsamkeit des Individuums. Die Voraussetzung des Erkennens ist jedoch das Sich-Zeigen, was eine Konfrontation mit der eigenen Scham mit sich bringt. Freiheit ist, wie beim Thema Religion schon gesagt wurde, nur denkbar, wenn die eigenen Isolation durchbrochen wird. Die moderne Kommunikation versucht dem aber auszuweichen. Es wird nur so getan, *als ob* man sich zeige, (z.B. auf Instagramm , wenn man einen tollen oder gestellten Moment präsentieren kann) und das heißt möglicherweise, dass auch das Erkennen und die daraus erwachsene Freiheit und der Frieden eine Illusion bleiben, es sei denn, mediatisierte Kommunikation wird zum Sprungbrett zur wirklichen Begegnung zweier Menschen, was eine weitere wichtige Option und Verheißung dieser Kommunikationsart ist.

Neben Freiheit und Geborgenheit wird in der Moderne an neuere Mythen geglaubt, wie an jene der Machbarkeit, der Weiterentwicklung, der Allmacht des Marktes, des Kommunismus, der Revolution, der Freiheit, des Geldes usw..

Eine Spannung zwischen der aktuellen geschichtlichen Situation einer Kultur und den Verheißungen ihrer Mythen ist normal und war immer vorhanden, sonst hätte der Mythos nämlich keine Daseinsberechtigung mehr. Das Problem der heutigen Moderne liegt aber darin, dass unsere Mythen nicht mehr die gewachsene Weisheit unserer Kultur widerspiegeln, sondern bewusst erzeugt wurden und zwar vom großen Kapital. Denn unsere Gesellschaft kann nur leben, wenn mit einer mythischen Entlastungs- wenn nicht Erlösungshoffnung konsumiert wird und nicht aus purer zweckrationaler Vernunft. Wenn man sich die Irrationalität der Konsumverheißungen und auch deren Akzeptanz im Leben der Bevölkerung vergegenwärtigt, kann die Vernunft und Mythenfreiheit der Moderne in Frage gestellt werden.

Damit stellt sich die Frage, inwieweit Massenmedien die Gesellschaft beeinflussen und in welcher Richtung. Sander vermutet eine Beeinflussung der Sichten auf Wirklichkeit der Kommunikation:

„Die Struktur massenmedialer Kommunikation, also Mittelbarkeit, geringe wechselseitige Rückkopplung, Anonymität und Distanz sowie hochgradige Selektion und Deutung auf der Rezipientenseite, wird auf die interaktionsnahe Kommunikation einander fremder Personen als Mediatisierung der Kommunikation übertragen (Sander).“[clxv] Massenmedien und besonders das Internet werden als Teil des Freizeitangebotes individuell rezeptiert und konsumiert. So werden auch innerhalb der mediatisierten Kommunikation nur noch *„Überzeugungen und Gesinnungen zwischen Individuen (Baake).“*[clxvi] ausgetauscht. Auf diese Weise, sagt Sander, *„präsentiert* [die mediatisierte Kommunikation] *selbst die neue Version globaler sozialer Bindung.“*[clxvii] Der hierfür typische Austausch findet *„oberflächlich, generalisiert, mit reduzierter Rückkopplungserwartung und reduzierter Verständigungs-intension“* statt. Allerdings ist die Rückkopplung in Zeiten des Internet wie viel größer geworden. Die französischen Gelbwesen und „Me Too-Hashtag“ sind gute Beispiele für reale Bewegungen, die aus einem Tweet entstehen können.
„Das Gespräch [...] *wird zur Konvention (Sander).“*[clxviii] Beide, sowohl die Rezeption der Massenmedien, wie auch die mediatisierte Kommunikation, schaffen eigene Wirklichkeiten, die sich zunehmend von den kommunizierten Inhalten etablieren und entfernen. Damit werden Bedürfnisse nach Unverbindlichkeit und Distanz befriedigt, die neben den Bedürfnissen nach *„Kollektivität, Nähe und Gemeinsamkeit (Sander)“*[clxix] existieren. Sander weist auf das hohe Vertrauenspotential hin, das Voraussetzung für eine solche

weitverbreitete Kommunikation zwischen Fremden ist.[clxx] Die Unverbindlichkeit und Distanz könnte damit zu einem Medium geworden sein, das moderne Gesellschaften zusammenhält, denn diese bestehen aus einer Vielzahl von miteinander unvereinbarer Lebenskonzepte und Konstrukte.

„Mediatisierte Kommunikation [...] steht in keinem irgendwie logischen Zusammenhang mit Notwendigkeiten, die Probleme moderner Gesellschaften zu lösen (Sander).“[clxxi]

Man könnte aber auch denken, dass Systeme, wie die moderne Gesellschaft und die Marktwirtschaft, sobald sie die Oberhand gewonnen haben, alle anderen Systeme zur Angleichung zwingen, einfach in Form von Resonanz. Dazu bedürfe es keinem direkten Eingreifen „von oben“, sondern nur der kulturellen Hegemonie. Auch hier ist die Frage interessant, wie Islamische Bewegungen durch die moderne Medienwelt beeinflusst werden. Es ist jedoch evident, dass der Islam als Religion nicht einfach von der Post-Moderne aufgesogen werden wird.

Mediatisierung ist eine Voraussetzung für das Funktionieren des Lebens in den Städten. Ein krasses Beispiel dafür ist Indien. Dort gibt es seit Jahrhunderten viele Tabus, was den Umgang der Kasten untereinander und besonders mit den „Unberührbaren“, den Kastenlosen anbelangt. Früher war z.B. ein Unberührbarer vom Tode bedroht, wenn er auch nur den *Schatten eines Bramanen betrat.* In den Städten wird nun so getan, als ob es diese Tabus nicht mehr gäbe. Die Distanz wird also z.B. in einem Bus *rein mental hergestellt*, ohne dass der an Kastensystem gebundene Glaube an das Tabu als solcher damit völlig zerstört würde. Dieser Umgang mit der Tradition des Hinduismus ist natürlich eine Voraussetzung für die moderne indische Gesellschaft. Genauso ist die mediatisierte Kommunikation Voraussetzung für das Funktionieren aller moderner Gesellschaften. Vorstufen für diese waren z.B. die Nettigkeit von Verkäuferinnen, die Korrektheit von öffentlichen Beamten, oder die Sachlichkeit und Kaltblütigkeit von militärischer Kommunikation in den Kriegen. Ich vermute also, dass die Moderne Keimzellen mediatisierter Kommunikation schuf und deren Durchsetzung durch die Zwänge ihrer Siege und ihres Fortschreitens selbst erzwang.

Sander betont die Selbstregulierungsleistung moderner Gesellschaften mit Hilfe mediatisierter Kommunikation. Diese Leistung ist durch Dritte nicht leistbar.[clxxii]

Es stellt sich die Frage, was sich immer weiter ausdifferenzierende Gesellschaften zusammenhält. Die moderne Gesellschaft ist nach sachlich definierten gesellschaftlichen Funktionen differenziert.[clxxiii]

Dies hat zwei Konsequenzen: Zum Einen werden Menschen in Rollen gedrängt und kommunizieren nun als Rollenträger miteinander, was zu dem Begriff der Inklusion führt, der den Begriff der Integration ablöst, zum Anderen *„verlieren normative Orientierungen als globale Muster kollektiver Lebensführung auf gesellschaftsstruktureller Ebene an Bedeutung* (Sander)."[clxxiv]

In einer Gesellschaft, die aus mehreren Teilsystemen besteht, kommt dem Begriff der Autopoesis große Bedeutung zu, der auf Selbsterhaltungs- und Neuerschaffungsvermögen von Systemen verweist. Auch die mediatisierte Kommunikation kann als ein solches autopoetisches System verstanden werden, nur dass diese, obwohl Teilsystem, die ganze Gesellschaft durchdringt.

Sander deutet dann darauf hin, dass in funktional primärdifferenzieren Gesellschaften die funktionalen sich selbst reproduzierenden Teilsysteme die Menschen nicht mehr integrieren, sondern als Publikum in ihre eigene Umwelt verlagern, und zwar immer nur jenen Teil der Gesamtpersönlichkeit, der als Rollenträger mit der Funktion des Teilsystems interagiert.[clxxv] Individualisierung würde sich dann in jenen Lebensbereichen etablieren können, die von keinem funktionalen Teilsystem besetzt sind.[clxxvi] Damit bildet das Begriffspaar von In- und Exklusion eine Möglichkeit, eine Parralleldifferenzierung zur funktionalen Primärdifferenzierzung aufzuzeigen, die das Verhältnis von Personen zu Systemen aufzeigt. *„Exklusion hat damit genausowenig mit Desintegration zu tun, wie Inklusion mit Integration zu tun hat (vgl., Nassehi) (Sander).“*[clxxvii] Die Exklusion weiter Teile der Persönlichkeit führt zu der beiderseitigen Entlastung zwischen System und Persönlichkeit, füreinander sorgen zu müssen.[clxxviii] Gerasterte Kommunikation sorgt dafür, dass nur die relevanten Inhalte zwischen System und Person kommuniziert werden. Das übrige, was eine Person ausmacht an persönlichen Erlebnissen, Meinungen und Deutungen, wird außen vorgelassen, ähnlich wie es innerhalb mediatisierter Kommunikation auch zwischen Personen geschieht.[clxxix] Voraussetzung dafür ist die Distanz, welche die Möglichkeit der Nicht-Kommunikation beinhaltet. Man kann hinzufügen, dass Nicht-Kommunikation keine Erfindung der Moderne ist. Es ist so, dass früher auf dem Lande im westlichen Mecklenburg, bis weit nach dem zweiten Weltkrieg, Gefühle *eher selten oder gar nicht* kommuniziert wurden. Nicht-Kommunikation und Gleichgültigkeit sind also Modi moderner Gesellschaften zur Integration.

Der zunehmenden Unverbindlichkeit stellen sich immer wieder konservative Kräfte entgegen, die eine Wiederherstellung der Ordnung mit Hilfe *„vormoderner, moralischer Standards* (Sander).“[clxxx] durchzusetzen versuchen.

Damit werde jedoch keine bessere, gerechtere und humanere Gesellschaft aufgebaut, da diese ihre Verbindung gerade durch mediatisierte Kommunikation erfährt, welche eben die einzige Möglichkeit der Verständigung zwischen den unterschiedlichen Teilkulturen darstellt.[clxxxi] Erzwungene Intimität und erzwungenes Interesse, würden hier kontraproduktiv wirken, da sie verdeckte Spannungen offenlegen würden.

Weiter unten behandelt Sander die Frage, inwieweit mediatisierte Kommunikation entweder dem Egoismus oder dem Gemeinwohl dienen kann. Mediatisierte Kommunikation umgeht das Problem des Widerspruchs zwischen Eigen- und Fremdinteressen bzw. löst es doch, indem diese einen Aushandelungsmodus zulässt, der klärt, was an Rücksichtnahme und Einsicht jetzt gefordert und gegeben werden soll.[clxxxii] Es werden in der Kommunikationssituation also nicht nur die *„nicht-relevanten Differenzen der kommunizierenden Personen ausgeklammert“*, sondern auch *„die Maßstäbe für eine notwendige Verständigung dimensioniert (Sander).“*[clxxxiii] Auch die *„Kommunikative Präsenz von Verantwortung“*[clxxxiv] und deren Legitimation werden in der kommunikativen Situation ausgehandelt oder ausgeklammert. Die Ethik des Mit- oder Nebeneinanders entsteht hier also in Form des gegenseitigen Aushandelns. Trotzdem bilden mediatisierte Kommunikation und Solidarität ein Gegensatzpaar, welche aber füreinander erst die Voraussetzung bilden, da Erstere in Letztere umschlagen kann, was so nicht möglich wäre, wenn die Kommunikation streng determiniert wäre. Ähnliches gilt auch für *„die Intimisierung moderner Sozialbeziehungen (Sander).“*[clxxxv] Solidarität und Intimität können nur in einem gesellschaftlichen Umfeld aus Distanz und Anonymität entstehen. Beide brauchen Freiheit und Freiwilligkeit, Solidarität braucht außerdem sebstbestimmte Begrenzung.

„Mediatisierte Kommunikation kann zudem die Irrationalitäten von Solidarität mildern, die sich in außengerichteten, sozialkulturell organisierten Feindseligkeiten intern solidarisch strukturierter gesellschaftlicher Gruppen zeigen (Sander).“[clxxxvi] Diese Gewalt verhindernde Funktion besitzt mediatisierte

Kommunikation durch ihre Gleichgültigkeit und Distanz, worauf schon mehrmals hingewiesen wurde.

Mediatisierte Kommunikation zeigt gesellschaftlich korrektes Verhalten, auch das korrekte Verhalten Fremden gegenüber. Dies kann sowohl auf Freiwilligkeit, wie auch auf die Zwänge der Sozialisation hindeuten.

Sie versteckt unvereinbare gesellschaftliche Überzeugungen, Personen und Gruppen voreinander, so dass Konflikte vermieden werden.

Sie lässt das immer wieder neue Aushandeln des Kommunizierbaren und des Nichtkommunizierbaren zu.

Die mediatisierte Kommunikation besteht damit aus zwei Ebenen:

Erstens einer Ebene des Informationsaustausches zwischen Fremden.

Zweitens einer Metaebene, von der aus entschieden wird, welche Grenzen dieser Informationsaustausch einhalten, und ob die Kommunikationsbeziehung evtl. in eine soziale Beziehung münden soll. Diese Grenze wird bei Datingseiten oder auch Meeuptreffen immer durchlässiger. Allerdings haben Bekanntschaften, deren Ursprung das Internet war, es schwerer ernstgenommen zu werden, als seien sie weiterhin Teil desselben, indem man sich schnell von einem Link zum nächsten weiterklickt.

Diese zweite Ebene könnte als ein Indiz für Freiheit angesehen werden. Hier hat das Individuum die Möglichkeit, selbst zu entscheiden, wie es sich verhalten will. Neben den beim Thema der Mythen erwähnten Zwängen gibt aber noch andere Zwänge unter Fremden, die auf ein regelgeleitetes, normgerechtes Verhalten drängen. Das in sich gefangene Individuum kennt nämlich nichts wirklich Fremdes, da es alles mit eigenen Anteilen maskiert. Ein Indiz hierfür ist das Verhalten von

Urlaubern z.B. auf Mallorca.[clxxxvii] Einige von diesen werfen das zivilisierte Verhalten regelrecht über Bord. Dies deutet auf erhebliche Zwänge hin, eine Art Gefühlsstau, der sich plötzlich in einem unzivilisierten Verhalten entlädt. Dieses Verhalten in der Ferne/Fremde zeigt möglicherweise, dass viele moderne oder post-moderne Individuen immer noch die Entfernung vom Heimatort brauchen, um sich frei(er) zu fühlen. Das bedeutet aber, dass die modernen Gesellschaften noch gar nicht so anonym sind, wie oft angenommen wird. Das Verhalten am Heimatort, und das heißt auch in einer Großstadt, kann immer noch von (und sei die Wahrscheinlichkeit noch so gering) Bekannten beobachtet werden. Diese Möglichkeit übt allein schon einen Druck auf das Wohlverhalten des Einzelnen aus, der „Schlimmeres" verhindert. Das zeigt, dass Freiheit niemals von selbst in das Leben des Einzelnen tritt, sondern erkämpft werden muss. Auch das Leben in einer anonymen Großstadt, weit weg von Eltern und Verwandten, bringt eben nicht die innerpsychische Befreiung, weil die Erzieher oder moralischen Instanzen der Vergangenheit im Kopf des Einzelnen mitwandern und schnell wieder ein Netz vielschichtiger sozialer Abhängigkeiten entsteht oder anders ausgedrückt, weil sich die alten Autoritäten nicht einfach in Luft auflösen, sondern auf neue Bezugspersonen projiziert werden. Das Individuum in der Post-Moderne empfindet sich, so scheint es, immer noch kontrolliert, eben weil es sich auf die Anerkennung vieler Menschen, naher und fremder, angewiesen fühlt.

Mediatisierte Kommunikation ist zum Einen ein Zeichen für eine zaghafte Befreiung von gesellschaftlichen Zwängen und zwar dort, wo diese in Offenheit und Neugier gegenüber dem Fremden und damit in eine Erweiterung eigener Horizonte mündet. Zum Anderen kann sie aber auch auf ein Zeichen für fortbestehende Zwänge von Isolation und Fremdbestimmung sein: So ist sie in ihrer Widersprüchlichkeit ein echtes Phänomen der Moderne. Das Internet schützt keine Privatsphäre und vergisst auch nichts. Wer sich dort zeigt, sollte sich dies genau überlegen. Allerdings werden durch die millionenfach Inflation von Selbstdarstellungen diese auch immer unwichtiger. Leuten werden für ein paar Stunden zu Stars und dann wieder vergessen.

Kontingenz in der Moderne (Die Nichtnotwendigkeit alles Bestehenden)

Richard Rorty möchte in seinem Buch „Kontingenz, Ironie und Solidarität"[clxxxviii] einen Weg aufzeigen, wie es sich in den unlösbaren Widersprüchen der Moderne für einen liberalen Intellektuellen leben lässt, ohne dass dieser wieder nach für alle Menschen gelten sollenden Rezepten zur Lösung derselben suchen muss.

Er schreibt, dass lange daran geglaubt wurde, dass *„private Erfüllung und Solidarität aus denselben Quellen kommen* (Rorty)"[clxxxix,] dass dieser Glaube aber von Skeptikern wie Nietzsche untergraben wurde, da es für sie *„auf dem 'tiefsten Grund' des Selbst keinen Sinn für Solidarität [...] gäbe, dass dieser Sinn 'bloß' ein Artefakt der Sozialisation ist* (Rorty)."[cxc] Da dieses Denken aber zu anti-sozialen Schlüssen führte, ersetzten historisch gesinnte Denker grundsätzlich-metaphysische Fragen, wie die, was es heiße ein Mensch zu sein, durch mehr praktischere Fragen wie z.B. die, was es heiße *„in einer reichen Demokratie des zwanzigsten oder einundzwanzigsten Jahrhunderts zu leben* (Rorty)."[cxci]

Zum Ziel ihres Denkens wurde nun *„Freiheit statt Wahrheit."*[cxcii] Der Widerspruch zwischen den Forderungen nach persönlichem Glück und dem Gemeinwohl aber blieb. Es gab Denker, denen mehr „*der Drang nach Selbst-Erschaffung* [und] *nach privater Autonomie* (Rorty)"[cxciii], wie Heidegger und Foucault, und jenen, denen die Entwicklung der Gesellschaft zu mehr Gerechtigkeit und Freiheit wichtig war, wie Dewey und Habermas. Der Widerspruch zwischen beiden Forderungen ist für Rorty unaufhebbar. Er schreibt nun, dass man zwar praktische Maßnahmen ergreifen könne, um individualistische Selbsterschaffung einerseits und Altruismus und gesellschaftliche Verantwortung andererseits soweit wie möglich zusammenzuführen, dass dies auf theoretischer Ebene jedoch nicht mehr gelingen könne, eben weil der Glaube an ein allen Menschen gemeinsames inneres Selbst verloren gegangen sei.[cxciv]

Der Idealtyp für Rortys Blickwinkel ist der „*liberale Ironiker*", der sich durch seine Akzeptanz der Kontingenz des modernen Lebens auszeichnet und auf Fragen verzichtet, die nicht beantwortbar und damit wenig sinnvoll sind. Rorty weist darauf hin, dass es im letzten Jahrhundert durch die Entwicklung der Wissenschaft und der Gegenbewegung der Romantik auch zu einer Spaltung der Philosophie gekommen sei, in jene, die die Wissenschaft als die legitime und erfolgreiche Ausdrucksform menschlicher Wahrheitssuche sieht und in die andere, die in der Wissenschaft nur die Magd der Technik sehen möchte, weil sie keine moralischen Werte hervorbringe.[cxcv] Rorty wirft den Idealisten vor, dass sie den Gedanken, dass nichts eine erkennbare immanente Natur habe, mit jener Schlussfolgerung verwechselten, dass Raum und Zeit nur im menschlichen Bewusstsein existieren.[cxcvi]

Er glaubt jedoch, dass diese Frage an sich nicht mehr sinnvoll ist, er sieht das „`Wahre´ als einen Terminus, [an] *der einer Analyse* [nicht mehr] *wert* (Rorty)"[cxcvii] sei. Selbst kritische Denker wie Nietzsche und Derrida setzten sich dem Vorwurf aus „*sie beanspruchten, das zu wissen, wovon sie selbst behaupten, dass man es nicht wissen könne* (Rorty),"[cxcviii] welcher Vorwurf später von Rorty auch auf Kant und Heidegger ausgeweitet wird.

Eine Methode der Philosophie ist es mit Hilfe eines Vokabulars, das dem Alten noch ganz oder teilweise anhaftet, dieses Alte zu bekämpfen, was für Rorty immer ein schwieriges Unterfangen ist. Die zweite philosophische Methode ist Erstellung neuer *„Muster sprachlichen Verhaltens"* bis diese von der nächsten Generationen übernommen werden und diese *„dazu bringt, nach angemesseneren neuen Formen nichtsprachlichen Verhaltens Ausschau zu halten – sich etwa neue naturwissenschaftliche Ausrüstungen oder neue soziale Institutionen zuzulegen* (Rorty)."[cxcix] Diese Art Philosophie stellt einfach neue Fragen, anstatt auf der alten Grundlage nach neuen Argumenten zu suchen. Rorty bekennt sich zu dieser zweiten Methode, er möchte ein neues attraktives Vokabular anbieten und hofft, dass es sich durchsetzen möge.

Rorty schließt sich im Folgenden Davidson in der Beurteilung von Sprache an. *„Davidson [...] sieht Sprache nicht als Medium, weder des Ausdrucks noch der Darstellung. So kann er sich von der Vorstellung befreien, dass Selbst und Realität immanente Naturen hätten, die dort draußen sind und darauf warten, erkannt zu werden. (Rorty)."*[cc] Die Entwicklung der Sprache besteht für Davidson und Rorty nicht darin, dass diese immer besser an die Umwelt angepasst werde oder sie einen immer adäquateren Ausdruck des Selbst ermögliche, sondern darin, dass sie fortwährend alte durch neue Metaphern ersetze. Beide bestreiten die Existenz von Tatsachen, Bedeutungen, ja von einer Entität namens Sprache überhaupt, weil diese Zuschreibungen sich nicht als hilfreich erwiesen haben.[cci] Davidson bietet als Erklärung für das, was Sprache statt eines Mediums oder einer Entität sei, den Begriff einer *„vorläufigen Theorie* (Davidson)."[ccii] an. Bei der kommunikativen Interaktion näherten nach diesem Modell die zwei Gesprächspartner *„sich in* *vorläufigen Theorien von Äußerung zu Äußerung einander an [...]* (Rorty),"[cciii] (ähnlich wie bei dem oben vorgestellten Konzept der mediatisierten Kommunikation, nur dass dies hier bei Davidson für alle Kommunikationsarten gilt.) Rorty bestreitet weiterhin, hierbei Mary Hesse[cciv] folgend, dass die heutige Wissenschaft der Wahrheit irgendwie näherkommen würde, sie hat stattdessen nur „*metaphorische Neubeschreibungen* (Rorty"[ccv], also eine Ersetzung alter durch neue Metaphern geliefert.

Diese Standpunkte ähneln oder entsprechen, wie mir scheint, der Sichtweise des Konstruktivismus. Rorty: „*Da Wahrheit eine Eigenschaft von Sätzen ist, da die Existenz von Sätzen abhängig von Vokabularen ist und da Vokabulare von Menschen gemacht werden, gilt dasselbe für Wahrheiten.*"[ccvi] Er glaubt an kein vorsprachliches Bewusstsein des Menschen, noch einen ausdrückbaren inneren Sinn. Selbst in intuitiven Eindrücken sieht er veraltete Platitüden, für die noch kein adäquaterer Ausdruck gefunden wurde.[ccvii]

Eine wichtige Forderung dieser Arbeit formuliert Rorty wie folgt: „*Der Gedankengang Blumenbergs, Nietzsches, Freuds und Davidsons zielt darauf, dass wir versuchen sollten, an den Punkt zu kommen, wo wir nichts mehr verehren, nichts mehr wie eine Quasigottheit behandeln, wo wir alles, unsere Sprache, unser Bewußtsein, unsere Gemeinschaft, als Produkte von Zeit und Zufall behandeln.*" Also „*in Freuds Worten [...] den Zufall für würdig [zu] halten, über unser Schicksal zu entscheiden. (Rorty).*"[ccviii] Es fällt auf, dass sich hier der Kreis moderner Entmythologisierung beinahe geschlossen hat: Wenn der Zufall unserer Schicksalsschöpfung als würdig erachtet wird, ist es nur noch ein kleiner Schritt, im diesem Zitat für *„nichts mehr" „alles"* einzusetzen, also von der Entheiligung aller Dinge zu deren erneuter Heiligung zu gelangen.

Rorty beschäftigt sich als nächstes mit der Kontingenz des Selbst.[ccix] Ihn interessiert die Frage, warum z.B. ein Dichter (hier

Phlilip Larkin) Angst vor dem Sterben hat, denn, "**das Wort `Ich´ ist ebenso hohl wie das Wort `Tod´** (Rorty)."[ccx] Wenn also keine separate Entität namens Selbst oder Ich existiert, wie Rorty annimmt, dann, so folgert er, kann Todesangst nur die Angst vor dem Verlust der „*idiosynkratischen Inventarliste* [sein, also dass] *sein individuelles Verständnis dessen, was möglich und wichtig ist, ausgelöscht wird* (Rorty)."[ccxi]

(Das klingt so, als erklärte Rorty die Angst vor dem Tod einfach weg, frei nach dem Motto: Wo kein Ich ist, *sollte* es auch keine Angst vor dem Tod des Ich geben. Ich möchte aber zu bedenken geben, dass eine Angst vor dem Tod des Ich keineswegs dessen Existenz voraussetzt, sondern nur den Glauben an dessen Existenz und die Identifikation mit ihm.) Rorty knüpft die Angst des Dichters vor dem Verlöschen an dessen Zweifel daran, tatsächlich etwas Neues, noch nie Dagewesenes, erschaffen und seine Befürchtung, eben doch nur Wiederholungen alter Phrasen abgeliefert zu haben und damit als jemand zu sterben, der keine Einzigartigkeit erreicht hat.[ccxii] Idiosynkrasie wäre also nicht mehr (seit Hegel, sagt Rorty) ein Einwand gegen ein dichterisches Werk, sondern im Gegenteil eine Voraussetzung für dessen Bedeutung.

Dass Rorty den Dichter in seinem folgenden Diskurs für wichtiger als den Philosophen hält, liegt daran, dass er, wie bereits erwähnt, an letzte Wirklichkeiten in der Welt und in der Tiefe des Selbst nicht mehr glaubt, aber wie noch zu zeigen sein wird, an die Selbstschöpfung als einzige menschliche Möglichkeit zur Sinnerschaffung. Den Philosophen, die Rorty am meisten schätzt, war diese zwingende Kapitulation der Philosophie vor der Dichtkunst mehr oder weniger klar. „*Verglichen mit dieser universellen Prägung* [der universalen Bedingung menschlicher Existenz], *so sagen die Philosophen vor Nietzsche, sind die besonderen Kontingenzen eines einzelnen Lebens unwichtig. Die Dichter machen den Fehler, Worte an*

Idiosynkrasien, an Kontingenzen zu verschwenden [...] [behaupteten die Philosophen vor Nietzsche] (Rorty)."[ccxiii] *„Nietzsche schlug als erster vor, die ganze Vorstellung, wir könnten ʿdie Wahrheit erkennenʾ, fallenzulassen. [...] Sein Perspektivismus lief auf die Behauptung hinaus, dass das Universum keine erkennbare Inventarliste, keine bestimmte Ausdehnung habe. Er hoffte [...], dass wir im Sterben ein Tier jener besonderen Art sind, die durch Selbstbeschreibung in eigenen Begriffen sich selbst geschaffen hat* (Rorty)."[ccxiv] Nietzsche glaubte noch an die Möglichkeit der Selbsterkenntnis, die er als Selbsterschaffung deutete.

Diese Erkenntnis eigener Kontingenz verlangte aber für ihn die Erschaffung einer neuen Sprache. *„Als Dichter – und damit in den Augen Nietzsches als Menschen – scheitern wir dann, wenn wir die Beschreibung akzeptieren, die ein anderer von unserem Selbst gibt,* (Rorty)."[ccxv] wenn wir also, sei es auch in neuer Kombination, Altes wiederholten. Das eigene Selbst entsteht nach dieser Vorstellung also erst im Prozess der sprachlichen Neubeschreibung der eigenen Kontingenzerfahrung, was von Rorty mit der oben zitierten Sprachtheorie von Davidson zusammengebracht wird, wonach es keine Bedeutungen, sondern nur neue Metaphern gibt.[ccxvi] Nur Dichter besitzen nach Nietzsche die Kraft, Kontingenz wirklich schätzen zu wissen, sie sind die Starken inmitten von Schwachen, wenn sie die Stirn haben, Neues zu erschaffen. Für die Erkenntnis unserer Situation, die in deren unaufhebbarer Kontingenz besteht, nimmt Rorty nun auch Freud zum Zeugen. Freud *„erlaubt [...] uns, das moralische Bewußtsein als genauso historisch bedingt, ebenso sehr als Produkt der Zeit und des Zufalls zu sehen wie das politische und ästhetische Bewußtsein* (Rorty)."[ccxvii] Mit Freud ließe sich begründen, dass *„das Streben nach sozialer Gerechtigkeit und das Streben nach individueller Perfektion zusammen-zubringen* (Rorty)"[ccxviii] notwendig scheitern muss.

„Nach Freuds Meinung sind die uns bewußten privaten Ziele ebenso idiosynkratisch wie die unbewußten Zwänge und Phobien, aus denen sie sich ableiten (Rorty).“[ccxix]

Damit hat Rorty herausgearbeitet, dass Nietzsche und Freud *„eine zufallsblinde Prägung nicht als unwürdig zur Programmierung unseres Lebens oder unserer Gedichte* (Rorty)“ [ccxx] ansahen. Rorty zieht daraus den Schluß, dass alles was uns bei der Suche nach Sinn in einer Konfrontation mit Leid, Sinnlosigkeit und Schmerz bleibt, die Erkenntnis von der Kontingenz all dieser Erfahrungen sei.[ccxxi] Damit wird das Ich, das nicht existiert, auf die gleiche Stufe mit den Schicksalsmächten, die nicht existieren, gestellt.

Flüchtigkeit und Kontingenz betreffen danach nicht nur das Ich, sondern auch alle freud- und leidvollen Konstellationen inner- und außerpsychischer Art. Rorty erkennt unser aller Bemühen um Einzigartigkeit der Beschreibung was wir sind, idealtypisch im *„starken Dichter“*, der zu zeigen imstande ist, dass *„er keine Kopie und keine Replik* (Rorty)“ [ccxxii] sei.

In der Erkenntnis von unaufhebarer Kontingenz und Sinnlosigkeit menschlichen Lebens, sowie der Leere von Ich und Welt, ähnelt Rortys Ansatz dem des Buddha. Letzterer lehrte als Antwort darauf einen Weg zur Beendigung der Scheinexistenz des Ich,[ccxxiii] wobei sich für Rorty eine auf doppelte Weise unbekehrte Fragestellung ergibt: Während es Buddha um die *Beendigung* einer *unendlichen* Inkarnationsfolge ging, so ist Rortys Anliegen die Beantwortung der Frage nach dem Umgang mit der *Endlichkeit* menschlichen Lebens, vielleicht auch nach einem *begrenztem Fortbestand* der Schöpfungen des Ich, trotz des Todes.

Als nächstes wendet sich Rorty der *„Kontingenz des liberalen Gemeinwesens“* [ccxxiv] zu. Er wendet sich gegen den Vorwurf seine Ansichten würden relativistisch, irrational sein und einer

Immoralität das Wort reden. Er möchte durch seine Argumentationsrichtung deutlich machen, dass ein Vokabular, das Gegensatzpaare wie Absolismus und Relativismus, Rationalität und Irrationalität, Moralität und Zweckdenken benötigt, nicht mehr zweckdienlich und zeitgemäß ist und dass der modernen liberalen Gesellschaft besser mit einem Vokabular gedient wäre, das diese Unterscheidungen meidet.[ccxxv] Er will keine philosophische Grundlage für Demokratie mehr liefern, aber *„deren Praxis und Ziele neu beschreiben* (Rorty)."[ccxxvi] Er stellt fest, dass die Philosophie oder auch die Ethik niemals einen *„archimedischen Punkt"* gefunden haben, der als eine Art neutrales Hochplateau dazu dienen könnte, alle Standpunkte auf ihren Wahrheitsgehalt hin zu beurteilen.

„Für die Idee einer liberalen Gesellschaft ist es von zentraler Bedeutung, dass alles erlaubt ist, sofern es um Worte im Gegensatz zu Werken, um Überzeugungskraft im Gegensatz zu Gewalt geht. […] Eine Gesellschaft ist dann liberal, wenn sie sich damit zufrieden gibt, das 'wahr' zu nennen, was sich als Ergebnis solcher Kämpfe herausstellt (Rorty)."[ccxxvii]

Philosophische Grundlagen, sagt Rorty, würden einer liberalen Gesellschaft eher Schaden zufügen, da sie das Spiel alter und neuer Vokabulare um Vorherrschaft eher stören würden. (Dieses Argument ähnelt jenem von Sander, der sagte, eine verbindliche Aufrichtung ethischer Normen in der modernen Gesellschaft würde die verdeckten Unterschiede erst offenlegen und damit neue Konflikte auslösen.) Die Aufklärer hatten sich an die Seite der Wissenschaft gestellt, weil sie hofften hier einen Bereich nicht-menschlicher Wahrheit zu besitzen. Heute besteht die kulturelle Bedeutung der Wissenschaft und deren Optimismus, einer absoluten Wahrheit zu begegnen, in einer anderen Weise. Es wird in den Universitäten und Fernsehprogrammen immer noch so getan, als lebten wir in einem sicheren Gerüst des aufgehäuften Wissens von

Jahrzehnten und Jahrhunderten. Aber inzwischen wird immer deutlicher wie sehr Gedanken und Erwartungen physikalische Experimente beeinflussen, so dass es immer schwieriger wird, bestimmte Ergebnisse zu wiederholen. Oder wie es in Physiker in CERN/Schweiz sagte: „Ich verstehe die Physik nicht, und kenne niemanden, der sie versteht." Nachdem die Hoffnung auf den Sieg der Vernunft aufgegeben wurde, sagt Rorty, kann sie heute zumindest auf *„eine Gleichheit der Chancen zur Erfüllung idiosynkratischer Wunschträume (Rorty)"* [ccxxviii] hoffen. Der *„starke Dichter"* wäre der Held dieser liberalen Gesellschaft, nicht mehr der Wissenschaftler oder der Philosoph, denn sie brauche wie gesagt, keine philosophischen Grundlagen mehr, sondern müsste sich nur im historischen Vergleich mit anderen Gesellschaftsformen messen.

Rorty möchte Fragen nach dem Sinn von Freiheit und Liberalismus ausweichen, sie als unwesentlich darstellen und glaubt auch, dass *„Treue zu gesellschaftlichen Institutionen [...] so wenig der Rechtfertigung durch Rückgriff auf allgemein anerkannte Voraussetzungen bedarf, aber auch so wenig willkürlich ist, wie die Wahl von Freunden oder Helden* (Rorty)."[ccxxix] (Diese These gleicht der von Nunner-Winkler, die sagte, dass ethisches und loyales staatsbürgerliche Handeln auch ohne Sanktionsandrohungen des Staates, nämlich intrinsisch motiviert werden könne.)

Er bestreitet also, dass der westliche Liberalismus deswegen dem Untergang geweiht sei, weil dessen aufklärerische Grundlage sich selbst zerstört hätte. Er folgt einer Aussage von Oakeshott, der sagt, dass Moral vor allem eine Volkssprache sei, nicht so sehr durch Ge- und Verbote bestimmt, als durch Begriffe, *„in denen man denken, entscheiden, handeln und sich ausdrücken soll* (Rorty)."[ccxxx]

Rorty möchte im Folgenden die Unterscheidung zwischen Moral und Klugheit und die Rechtfertigung des Moralbegriffes selbst kippen. Er weist darauf hin, dass „*moralische Prinzipien*" sich auf zum Teil verlorengegangene, oft antiquierte, Überlegungen, Institutionen und Praktiken berufen, ohne für diese eine Rechtfertigung zu liefern.[ccxxxi] Wilfrid Sellars[ccxxxii] liefert Rorty desweiteren den Hinweis, dass Moralität, wenn sie sich nicht mehr auf ein göttliches transzendentes oder intrinsisches Selbst berufen kann, ihre Rechtfertigungsgrundlage auf die Gruppenidentität verschiebe. Aus göttlichen Ge- oder Verboten wurden Gruppen- Ge- oder Verbote. „*Wenn die Forderungen einer Moralität aber die Forderungen einer Sprache sind und wenn Sprachen historische Kontingenzen sind, nicht Versuche, die wahre Gestalt der Welt oder des Selbst zu erfassen, dann ist das 'unerschrocken für die eigenen moralischen Überzeugungen einstehen' eine Sache unserer Identifikationen mit einer solchen Kontingenz* (Rorty)."[ccxxxiii] Der ideale Staatsbürger oder Ironiker ist für Rorty einer, der dies weiß und auch für sich selbst akzeptiert. Die Kontingenz eigener Vorstellungen und Sehnsüchte erkannt zu haben, muss ihn mit liberalen Tugenden ausstatten.[ccxxxiv] Rorty bezieht Position gegen Foucault, den er einen nicht-liberalen Ironiker nennt, indem er die liberale Gesellschaft gegen dessen Vorwurf verteidigt, ihre Einschränkungen würde die von ihr durchgesetzte Verminderung von Grausamkeit nicht aufwiegen, wohingegen Rorty genau dieser Meinung ist.[ccxxxv]

Rorty bezieht auch Position gegen Habermas, den er einen nicht-ironischen Liberalen nennt. Er wehrt sich gegen dessen Versuch wieder eine Art von Universalismus und aufklärerischen Rationalismus durch die Postulierung einer „*kommunikativen Vernunft*" zu installieren, als irreführende Formulierung von dem, was er, Rorty, selbst sagen will: „*dass man eine Gesellschaft liberal nennen kann, wenn sie sich damit zufriedengibt, 'wahr'* [...]

zu nennen, was immer sich als Resultat einer unverzerrten Kommunikation ergibt, was immer sich als Meinung in einer freien, offenen Begegnung durchsetzt (Rorty)."[ccxxxvi] Er möchte lieber *„eine Geschichte von der wachsenden Bereitwilligkeit zum Leben mit Pluralität und zum Beenden der Suche nach universeller Geltung (Rorty)*"[ccxxxvii] erzählt wissen. Er möchte sich von der Vorstellung verabschieden, *„'Vernunft' sei der Name einer heilenden, versöhnenden, einenden Macht - der Quelle der Solidarität (Rorty).*"[ccxxxviii] Es wäre besser *„die Idee der Solidarität* [als] *eine glückliche, aber zufällige Schöpfung der Moderne (Rorty)"* anzusehen, und damit alle Universalien zu verabschieden.[ccxxxix]

Für mich ergibt sich die Frage, ob Rorty mit seinem Vertrauen auf eine unverzerrte Kommunikation und eine liberale Öffentlichkeit nicht doch einen nicht näher benannten Universalismus vertritt (ganz zu schweigen von seiner Schätzung solcher Tugenden wie Solidarität und Mitgefühl), der sich sozusagen gleichmäßig hinter all den Kontingenzen der Sprache, der Gesellschaft und der persönlichen Biographien verbirgt. Ansonsten wäre nicht erklärbar, warum die liberalen Gesellschaften es tatsächlich zustande gebracht haben, weniger grausam zu sein, als Diktaturen, Monarchien usw..

Es gab andererseits ja auch Situationen, in denen sich die Öffentlichkeit gegen den Liberalismus entschied. Freunde aus dem Iran berichteten mir, wie dort 1979 die öffentliche Vernunft durch eine abwärts gerichtete Spirale aus Aberglauben und Hysterie in wenigen Monaten vernichtet wurde. (Es kam dort z.B. das Gerücht auf, dass Khommeni in jeden Koran des Landes ein Haar hinein gezaubert hätte, wie auch sein Gesicht auf dem Mond erschienen sein soll.)

Das Geschehen im Iran 1979 spricht insoweit für Rorty, indem es an die Zufälligkeit und Brüchigkeit liberaler Gesellschaften gemahntet, aber auch deren moralische Überlegenheit aufzeigt.

Andererseits wird durch Rortys Argumentation noch unklar gelassen, was dieses Etwas eigentlich sei (etwa die Vernunft?), das 1933 in Deutschland und 1979 im Iran verschwand, als dort „die Lichter ausgingen", als sich ganze Völker für eine Diktatur entschieden.

Rorty stellt als nächstes die Ironikerin dem Metaphysiker entgegen. Erstere wird durch *„radikale und unaufhörliche Zweifel an dem abschließenden Vokabular (Rorty)"* [ccxl] gekennzeichnet, das sie also die Relativität der eigenen Überzeugungen erkennt, und jederzeit bereit ist, ihr Vokabular gegen neueres, besser geeigneteres zu ersetzen, wohl wissend, dass sie sich niemals auf eine Instanz jenseits desselben berufen kann. Sie würde eine Frage nach der immanenten Natur von irgendetwas, wie eben hier nach jener der liberalen Gesellschaft, von sich weisen, weil die möglichen Antworten nur aus Plattitüden bestehen könnten. Der Metaphysiker würde bestimmte Plattitüden in seinem Vokabular noch unhinterfragt als Hinweis auf letzte Wahrheiten sehen wollen, welche Naivität der Ironikerin abhanden gekommen ist. Sie meint nicht *„Reflexion werde von Kriterien geleitet (Rorty),"* [ccxli] denn auch Kriterien sind Teil des derzeitigen Vokabulars. Rorty begründet mit Davidson *„unsere Unfähigkeit, unser Vokabular zu verlassen und es von außen mit etwas anderem zu vergleichen, und sie beide halten mit Heidegger diese Sprache für kontingent und historisch bedingt* (Rorty)."[ccxlii]

Immerhin gibt es erstaunlicher (inkonsequenter?) –weise für Rorty so etwas, wie Weiterentwicklung, wie Evolution, nicht für die Menschheit, doch aber für den Einzelnen: *„Wir Ironiker hoffen, dass wir uns mit dieser ständigen Neubeschreibung das beste Selbst, das uns möglich ist, erschaffen* (Rorty)."[ccxliii] Zur Beurteilung von Überzeugungen können nur andere Überzeugungen, von Menschen nur andere Menschen gebraucht werden, da ein Durchbruch zur Transzendenz eben nicht mehr möglich ist.[ccxliv] Darin zeigt sich der radikale Gegensatz zu voraufklärerischen Religionen wie den Islam, die eine transzendente Autorität postulieren, der sich das ganz Leben unterzuordnen habe. Im Westen gibt es eine Aversion gegen jede moralische Autorität, besonders in der „Generation Z" die den Ego-Impulsen folgend sich frei durchs Internet hindurch klicken will, immer auf der Suche nach dem letzten Kick. Diese post-moderne, konsumorientierte Mentalität blendet eine Seite des Menschseins aus, die im nach-religiösen Westen kaum diskutiert wird: Das Gewissen. Es gibt in uns allen noch immer diesen Kompass, der klar zwischen richtigem und falschen Handeln unterscheiden kann, der dem ungläubigen Ironiker, wenn er denn hinhört, doch noch ein Licht in der Dunkelheit der materiellen Welt sein kann. Unser Freiheitsbegriff basiert jedoch auf Unabhängigkeit von allem, nicht auf dem Eingebunden sein in das Gewebe des Kosmos. Darin besteht die letztendliche Krankheit des westlichen Zeitgeistes, der sich eine völlig losgelöste Traumwelt erschaffen hat.

Rorty und seine Ironiker glauben im Gegensatz zu Habermas und anderen „Metaphysikern", wie erwähnt, nicht an die Notwendigkeit philosophischer Begründungen für den Liberalismus, sondern haben das Vertrauen *„dass Wahrheit und das Gute für sich selbst Sorge tragen werden, wenn wir für nur politische Freiheit sorgen* (Rorty)."[ccxlv] Diese These basiert nicht mehr auf anderen essentiellen Überzeugungen, als allein auf historischen Erfahrungen, *„die nahelegen, dass Menschen ohne Schutz durch die Institutionen der bürgerlichen liberalen Gesellschaften oder etwas ihnen Vergleichbares weniger dazu in der Lage wären, ihr eigenes Heil zu suchen, Selbstbilder zu schaffen, ihr Gewebe aus Überzeugungen und Wünschen im Lichte beliebiger neuer Menschen und Bücher, auf die sie stoßen, neu zu weben* (Rorty)."[ccxlvi]

Ist es psychologisch möglich, ohne den Glauben an allgemein Menschliches gegen Grausamkeit einzutreten und kann denn ein

Ironiker ein guter Staatsbürger, ein bekennender Liberaler sein? Die Kritiker haben da ihre Zweifel, Rorty nicht. Er verweist auf den Niedergang der Religion, der nicht zum Untergang der bürgerlichen Gesellschaft geführt hat.[ccxlvii] Die Hoffnung auf ein Jenseits hat sich auf eine Hoffnung für das eigene bessere Leben und auch das der Kinder und Enkel verschoben.

Rorty schränkt ein, dass die ironische Sichtweise nicht für demokratisch-öffentliche Selbstvergewisserungen und nicht für die öffentliche Erziehung eigne.[ccxlviii] Ironie ist eine private Angelegenheit, die aus der Spannung des überkommenen Vokabulars mit dem noch zu Erreichenden, lebt. Dagegen *„Metaphysik – verstanden als Suche nach Theorien, die die reale Essenz erfassen – versucht, der Behauptung Sinn zu geben, Menschen seien mehr als ein mittelpunktloses Gewebe aus Überzeugungen und Wünschen (Rorty).“*[ccxlix] Wie da eine universalistische Ethik begründen? Rorty gesteht auch ein, dass Ironismus sich oft anti-liberal, weil elitär, entfremdet und anti-sozial zeigt. Er bemerkt, dass eine Neubeschreibung von Vokabularen andere oft demütigt, da sie deren Vokabulare als veraltet und ohnmächtig brandmarkt.

Dies liegt nach Rortys Meinung aber nicht an dem Wunsch der Ironikerin zu demütigen, sondern an dem fehlenden Machtgewinn den eine ironische Neuformulierung im Gegensatz zu einer metaphysischen bewirkt.

„Die liberale Ironikerin möchte nur, dass unsere Chancen freundlich zu sein und die Demütigung anderer zu vermeiden, durch Neubeschreibung erhöht werden. [...] Deshalb braucht eine liberale Ironikerin soviel einfallsreiche Bekanntschaft mit alternativen abschließenden Vokabularen wie möglich, nicht zur eigenen Bildung, sondern um wirkliche und mögliche Demütigungen der Menschen zu verstehen, die diese alternativen Vokabulare benutzen (Rorty).“[ccl]

Dies ist also das, was für Rorty alle Menschen miteinander verbindet: Ihre Schmerzempfindlichkeit, ihre Angst vor Demütigung und der Zerstörung ihres endgültigen Vokabulars. Die liberale Ironikerin ist deshalb wachsam, um die Demütigung anderer zu vermeiden. Sie braucht keine weitere metaphysische Begründung dafür. Die Ironikerin ist deshalb eine gute Liberale, weil sie viele unterschiedliche Vokabulare kennt, nicht weil sie Theorien und Argumente sucht, die die liberale Gesellschaft stützen. Für sie ist Literatur das Zentrum der liberalen Kultur, wozu sie auch Philosophie, Gesetzestexte und politische Aufrufe rechnet, im Gegensatz zum Metaphysiker, der bestimmte Kernsätze als *wahr* erkannt sehen möchte.[ccli]

Rortys liberale Utopie ist *„die Skizze einer Gesellschaft, [...] in der die Vorstellung von ʿetwas hinter der Geschichteʾ unverständlich geworden ist, aber ein Sinn für Solidarität intakt bleibt* (Rorty).“[cclii] Er glaubt noch an so etwas wie moralischen Fortschritt, der darin besteht, *das allen Menschen Gemeinsame, die Schmerzempfindlichkeit,* immer mehr über alle ethnischen und politischen Grenzen hinweg anzuerkennen. Ähnlich wie für Baumans postmoderne Ethik sind für Rorty *„Gefühle des Mitleids gegenüber Schmerz und der Reue über Grausamkeit wichtiger und konstruktiver als die Vernunft und die Pflicht, vor allem die moralische Pflicht* (Rorty).“[ccliii]

Die Verantwortung für andere steht aber für Rorty unaufhebbar im Gegensatz zum privaten Wunsch nach Selbsterschaffung, welche Spannung Rorty nicht mehr mit Scheinlösungen aufgehoben wissen möchte.[ccliv] Diese beiden Fragen von einander trennen zu können, nämlich, die, ob der andere das gleiche Vokabular wie man selbst habe und die, ob er leide, macht es für Rorty möglich, *“dass ein einziger Mensch beides zugleich sein kann, Liberaler und Ironiker* (Rorty).“[cclv]

Für Rorty sind das Reden von „Sinn und Ganzheit“ leere ohnmächtige Phrasen einer toten Vergangenheit, die einer

Überprüfung nicht mehr standhalten. Er hat die abendländische Philosophiegeschichte verfolgt und daraus seine Schlüsse gezogen. Rorty, der alle alten Vokabulare vom Tisch wischen wollte, ist aber doch wieder in *die* Falle europäischen Denkens getappt, das Axiom nämlich, dass Wahrheit sich nur durch das Denken erkennen ließe. Warum aber sollte das Denken näher zur Wahrheit vordringen, als die direkten intuitiven, Sinnes-, und Gefühlseindrücke des Menschen? Rorty liefert selbst den argumentativen Beweis, dass das Denken *niemals* ganz zur Wahrheit vorzudringen vermag, weil es sich eines veralteten Vokabulars bedienen *muss* und über keinen archimedischen Punkt im Sein verfügt. In Wirklichkeit existiert ein solcher Punkt aber doch: Es ist das *Jetzt* im Strom der Zeit und das *Hier* im Raum, der einzige Ort also, der für die Menschen überhaupt existiert, von deren Bewusstsein aber nur selten erreicht wird. Das Jetzt hat keinerlei Ausdehnung und ist deshalb dem Denken verschlossen. Das Denken kann sich nur außerhalb des Jetzt bewegen, Intuition, Gefühle und Sinne aber können in es eindringen. Damit Rortys ist Pessimismus in Bezug auf das Denken richtig, nicht aber in Bezug auf die Erkennbarkeit von Wahrheit an sich.

Rorty setzt Stärke und Freiheit voraus, um die Kontingenz der eigenen Biographie erkennen und damit sowohl Ironikerin, wie auch Liberaler sein zu können. Auch das Erkennen fremden Schmerzes ist für ihn ein Kriterium, das einem Liberalen eignet. Freiheit heißt für ihn, frei von dem Ansinnen zu sein, die endgültige Wahrheit schon gefunden zu haben, und für diese andere manipulieren oder ihnen gar Schmerzen zufügen zu dürfen. Diese ironische Selbstbeschränkung, die für Rorty eine Voraussetzung moderner Ethik ist, muss erkämpft werden und zwar dadurch, dass z.B. durch sein Buch, ein neues Vokabular das vorhergehende ersetzt wird – und das immer wieder!

Rorty sagt also:

Das menschliche Schmerzempfinden ist universell.

Die Möglichkeit ihm (Rorty) und seinem Vokabular zu folgen besteht, obwohl dieses neu ist; es gibt also so etwas wie eine menschliche Vernunft, einen geistigen Raum der Verständigung, jenseits aller „Inventarlisten".

Die immerwährende Weiterentwicklung des Vokabulars ist evolutionär, Menschen können also aus Fehlern lernen und ihre Gesellschaftssysteme weiterentwickeln.

Freie öffentliche Diskussionen führen zu mehr ethischem Verhalten in der Gesellschaft.

Solidarität und Mitgefühl sind der Grausamkeit vorzuziehen.

Dies sind Universalien, die seinen Grundsatz, dass es keine Substanz von Welt und Ich gäbe oder diese nicht zu erkennen sei, zu widersprechen scheinen. Dieser Widerspruch aber liegt in der Natur der Sache; wenn Wirklichkeit ausschließlich konstruiert sein würde, könnte es auch keine Verständigung zwischen zwei Menschen geben, dennoch kann es für jemanden sinnvoll sein, über Konstruktivismus nachzudenken.

Rorty verhält sich, diese Fragen verwerfend, rein pragmatisch. Bei aller Demokratie vertragen nämlich westliche Gesellschaften doch *einen* Spaß nicht gut, nämlich den der *tatsächlichen* Entmachtung der herrschenden Eliten durch Wahlen, wofür es immer wieder Beispiele gibt, zuletzt in Russland und Venezuela. Liberalismus war bisher immer mit der Macht des Geldes verbunden gewesen, was nicht heißt, dass dies immer so bleiben muss. Die Herrschaft des Kapitals ist kein Garant für Freiheit, wie immer wieder behauptet wird, sondern wie jede Herrschaft eine Einschränkung derselben.

Damit ist der freie Austausch politischer und anderer Meinungen aber gestört. Er ist nicht so frei, wie Rorty ihn gerne verstanden haben möchte. Die Freiheit der Medien wird eingeschränkt durch politische Macht und auch durch die

Interessen des Marktes und die daraus resultierende Verkaufsorientierung.

Solidarität: Tradition versus Spontaneität

Solidarität, so die zentrale These der Autoren[cclvi], verfällt in den modernen Gesellschaften nicht, sondern wird in ihnen erst erschaffen. Es gibt eine Vielzahl von Aufrufen zur Solidarität von verschiedenen Seiten. Die Autoren bemühen sich um einen neuen Solidaritätsbegriff, der diese nicht mehr *„tief in der Geschichte verankert und erst neuerdings gefährdet sieht"*, sondern *„enger zu fassen ist: als eine spezifische Art sozialer Bindungen, historisch jüngeren Datums, ständig neu herausgefordert und neu im Entstehen begriffen* (Hondrich, Koch-Arzberger)."[cclvii]

Als Bedingungen für die Entstehung von Solidarität nennen die Autoren eine naturwüchsige Ähnlichkeit, gemeinsame geteilte Überzeugungen oder Werthaltungen, arbeitsteilige Abhängigkeit, soziale Nähe und Interaktionshäufigkeit, Gerechtigkeit, Spontaneität und Organisation sowie Gemeinsame Gegner und Bedrohung von außen.[cclviii] Für die Autoren besteht Solidarität also vor allem zwischen Individuen und Gruppen, die durch irgendetwas miteinander verbunden sind.

Solidarität entsteht erst im Laufe der Moderne und durch „innere Verwandlung" der gesellschaftlichen Sozialbeziehungen. Die Autoren wenden sich gegen die Behauptung *„aus der anscheinend unaufhaltsamen Tendenz, die Wählbarkeit und Kündbarkeit sozialer Beziehungen zu erhöhen, einen säkularen Trend zur Schwächung sozialer Bindekräfte abzuleiten* (Hondrich, Koch-Arzberger)."[cclix] Solidarität setzt vielmehr eine gewisse Freiheit voraus, wogegen zwanghafte, enge und traditionelle Sozialbeziehungen Solidarität ausschließen.

Solidarität hat sich in der Moderne in mehrerer Hinsicht an Bedeutung gewonnen. Die Reichweite über Entfernungen hat zugenommen, die Zahl der Solidaritäten mit verschiedenen Bevölkerungsgruppen im In- und Ausland, wie auch deren Dauerhaftigkeit, da Solidarität oft sich in From von Organisationen kristallisiert. Organisation macht Solidarität zwar dauerhafter, aber auch anonymer. Diese wird professionalisiert, damit entpersönlicht und mehr an Interessen und Werte Dritter gebunden. Ein weiterer Effekt ist die Hierarchisierung organisierter Solidarität, die auch aus informeller Hierarchisierung bestehen kann, dass sich also nicht nur auf Macht und Geld, sondern auch auf Wissen gestützte Eliten herausbilden.

Was das Thema der Etablierung von Individualisierung auf Kosten von Solidarität anbelangt, merken die Autoren an, dass es keine empirischen eindeutigen Befunde für diese oft geführten Klagen gibt.[cclx] Vielmehr haben sich die Formen des Altruismus geändert: *„Aufopferung, andauernde Fürsorge, Idealismus als Selbstdarstellung sind einer neuen unpathetischen Mentalität des Helfens* (Hondrich/Koch-Arzberger)"[cclxi] gewichen, die auf punktuelleres und auch unverbindlicheres Engagement konzentriert ist. Die Autoren glauben, dass Individualisierung eine Voraussetzung von Solidarität ist, da die *„Wählbarkeit der Lebensstile [...] gegenseitige Abhängigkeit* [erhöht] (Hondrich/Koch-Arzberger)."[cclxii] Außerdem muss der Individualist sich wieder irgendwo zuordnen, nachdem er sich von allem befreit hat und sich damit auch wieder solidarisieren. Durch die Vielzahl der Probleme und *„der Knappheit von Handlungsenergien* (Hondrich, Koch-Arzberger)"[cclxiii] kommt es zu einer Konkurrenz von Solidaritäten untereinander.
Die Autoren gehen auf die Frage ein, inwieweit sich Solidarität politisch instrumentalisieren lasse. Dem sind Grenzen von

zweierlei Art gesetzt, zum Einen sind es die Grenzen der Durchsetzbarkeit politischer Ziele gegen den Eigenwillen sozialer Gruppen überhaupt, zum anderen haben Politik und Solidarität entgegengesetzte Mechanismen ihrer Organisation: Hierarchie versus Gleichheit, Zwang und Pflicht versus Freiwilligkeit, Planbarkeit versus Spontaneität.[cclxiv] So kann gewachsene Familiensolidarität durch moderne Verrechtlichungen, die Solidaritäten zu verordnen versuchen, zerstört werden.

Die Autoren fragen, warum *die großen Gewerkschaften* nicht zugrunde gingen, obwohl sich *„das sozial und ethnisch homogene Milieu der Arbeiterschaft* (Hondrich, Koch-Arzberger)"[cclxv] doch bereits in eine Vielzahl von Eigeninteressen aufgelöst hat. Sie nennen drei Gründe dafür.

Erstens mag dies „im kollektiven Gedächtnis" an die einstigen Erfolge und die früher beschworene Solidarität begründet sein,

zweitens kann die Motivation der Mitgliedschaft heute unpersönlicher und nutzenorientierter erfolgen und

drittens werden den Gewerkschaften von staatlicher und auch unternehmerischer Seite Funktionen zugebilligt, die diese im Wirtschaftsleben auch weiterhin verankern.[cclxvi]

Es kann also auch mit unpersönlicheren Umgangsformen in der Moderne noch vieles bewirkt werden. Der Sozialstaat leidet darunter, dass er Solidarität massenweise vorschreibt und erzwingt, was zwar seine Akzeptanz nicht grundlegend unterhöhlt, wohl aber die Motivation von Solidarität oft vermindert und den Primäreinzahlern in die Sozialsysteme das Gefühl gibt, ausgenutzt zu werden.[cclxvii]

Diese Besorgnis ist durch eine immer stärkere Zuwanderung sowohl aus dem Balkan, als auch den arabischen und afrikanischen Ländern in die deutschen Sozialsysteme größer geworden. Der Leistungswille der Geber lässt so wegen der Entfremdung von den Empfängern nach. Die Organisationen werden zweitens zunehmend von den Individuen, also die Leistungsstarken von den Leistungsschwachen ausgenutzt. *„Als Finanzverteilungsinstitutionen verfehlen die Solidarorganisationen [drittens] das Problem der persönlichen Hilfeleistungen für persönliche Hilfsbedürftigkeit* (Hondrich, Koch-Arzberger)."[cclxviii] Und viertens stellen die Autoren die fehlende Wärme von Großorganisationen fest, und verweisen auf die von diesen aufgerichteten Zugangsbarrieren. Die naheliegende Lösung der Verkleinerung der Organisationen scheint in der späten Moderne nicht mehr möglich, da hier ohnehin immer mehr Menschen voneinander abhängig sind. Die Autoren erwarten von der *politischen Bildung*, dass diese die Erkenntnis von der handfesten funktionalen Einbettung der Solidarität in unsere Gesellschaft verbreitet. Sie wenden sich gegen die verbreitete Rede von der *„objektiven Grenze der Belastbarkeit"*, da diese nicht existiere.[cclxix] Eine solche Grenze war lange subjektiver Interpretation geschuldet, die je nach den gesellschaftlichen Verhältnissen variierte, aber dies mag sich in naher Zukunft wegen Zuwanderung ändern.

Interessant ist folgende Feststellung: *„Die neuen Helfer sind mehr an Selbstentfaltung als an Aufopferung interessiert* (Hondrich, Koch-Arzberger),"[cclxx] womit Rortys zentrale These entkräftet wird, Selbsterschaffung und Solidarität ließen sich nicht miteinander in Einklang bringen. Altruismus wird also heute ganz anders begründet, als früher. Helfen verliert damit seine klare Hierarchisierung zwischen Retter und Opfer. Darauf wird weiter unten noch eingegangen.

„[...] die neuen Solidaritäten können nicht Ersatz, sondern nur Ergänzung zur professionalisierten und organisierten Hilfe der herkömmlichen Institutionen sein [...] (Hondrich, Koch-Arzberger)."[cclxxi] Die Autoren fordern Alternativen zu den klassischen sozialstaatlichen Lösungen, da sich viele Anbieter

und Nachfrager von Hilfen mit ihren *„Bedürfnissen nach Autonomie, Flexibilität, Übersichtlichkeit und persönlicher Zuwendung* (Hondrich, Koch-Arzberger)"[cclxxii] in den Großorganisationen nicht mehr ernstgenommen fühlen.

Solidarität und Selbsthilfe
Auch in der seit den siebziger Jahren im psychosozialen und gesundheitlichen Bereich bestehenden Selbsthilfebewegung gibt es einen Prozess der Institutionalisierung.[cclxxiii] Andererseits wird einer Hierarchisierung dadurch entgegengewirkt, dass über das ganze Land verstreute Kontakt- und Informationsstellen geschaffen wurden, die zum Aufbau von Netzwerkstrukturen genutzt wurden. Das Internet ermöglicht eine fast unendliche Vernetzung Gleichgesinnten.
Die Autoren fragten nun 200 Mitgliedern solcher Netzwerke danach, welche *„Bevölkerungsgruppen eher als andere bereit und in der Lage* sind, *anderen zu helfen; welche Hilfe* brauchen *und sie gern annehmen* würden.

Es wurden ʽAnbieterʼ ebenso wie ʽNachfragerʼ von Unterstützungsleistungen interviewt (Hondrich, Koch-Arzberger)."[cclxxiv] Es zeigte sich, dass die Frauen auf seiten der Helfer mit 85% und auf Seiten der Hilfsbedürftigen mit 75% überwogen.[cclxxv] dass Frauen öfter bereit sind zu helfen, entspricht noch alten Rollenbildern und Mentalitäten. Dass sie Hilfe öfter in Anspruch nehmen, liegt, wie die Autoren vermuten, an ihrer höheren Lebenserwartung, wie auch an ihrer Fähigkeit sich und anderen ihre Hilfsbedürftigkeit einzugestehen.[cclxxvi] Vom Bildungsgrad her sind auf Seiten der Helfer höhere Bildungsabschlüsse stark überrepräsentiert, während sie auf Seiten der Hilfsbedürftigen leicht unterrepräsentiert sind.[cclxxvii] Religiöse Grundhaltungen sind auf Seiten der Helfer nicht überrepräsentiert, wie vielleicht zu vermuten gewesen wäre.[cclxxviii] Bei den Helfern hat sich die früher stark ambivalente Haltung zur möglichen eigenen Hilfsbedürftigkeit entspannt, das Engagement wird sogar eher von der Haltung motiviert, auch etwas für sich selber zu tun, während früher oft das Sich-Aufopfern und die damit uneingestanden verbundene Steigerung des Selbstwertgefühls der Motivationsgrund war.[cclxxix] Diese „selbstlosen Helfer" *stören* (sic!) den Betrieb einer Bürgerinitiative eher, weil sie nicht bereit sind über die eigene Motivation zu reflektieren und auf Gegenseitigkeit des Helfens keinen Wert legen.[cclxxx] Die Autoren konstatieren, dass es gelungen sei, Solidarität zu organisieren. Es fällt auf, dass die Unterstützungsnetze einen Großteil ihrer Zeit mit wechselseitigen *kommunikativen Tätigkeiten* verbringen.

Dabei taucht die Frage auf, inwieweit den wirklich Hilfsbedürftigen, die oft schwer zu erreichen sind, denn geholfen wird oder ob die Netzwerke nur die ohnehin schon kommunikativ begabten Bürger einbeziehen können. Vertrauensbildung und persönliche Nachbarschafts-bekanntschaften sind Voraussetzungen, um Schwellenängste zu überwinden.

Internationale Solidarität

 Die Autoren nennen drei Bereiche, in denen internationale Solidarität gefordert ist:

Erstens Normverstöße gegen das Völkerrecht,

zweitens ökologische Probleme, auch das Nord-Süd- und West-Ost- Gefälle und

drittens die internationalen Wanderungsprobleme.[cclxxxi]

Die Autoren weisen angesichts dieser Probleme darauf hin, dass Solidarität am stärksten und schnellsten unter Gleichen entsteht, also unter den Industrieländern, nicht dort, wo die

Kluft am größten ist. Andererseits wird internationale Solidarität eher als Einbahnstraße gefordert, *„von den problemlösungsfähigen zu den problemlösungsbedürftigen Gesellschaften* (Hondrich, Koch-Arzberger)."[cclxxxii] Die Solidarität der Gleichen, wie z.B. in der EU, hat nun aber den fatalen Effekt, sich gegen die anderen zu richten. Damit zeigt Solidarität auch ihre Schattenseite, wenn sie nämlich partikularistisch wird. Diese partikuralistische Solidarität nun schlägt, wenn es darauf ankommt, meist die universalistische aus dem Feld,[cclxxxiii] wie sich z.B. bei der Veto-Politik der USA in Bezug auf die Palästinenserfrage zeigte, die Israel lange Zeit schützte. Ein anderes Problem internationaler Solidarität besteht in Konflikten dort, wo sich noch gar kein Subjekt des Völkerrechts gebildet hat. Gerade dieser Konflikt zwischen Staatenrecht und Selbstbestimmungsrecht von Volksgruppen wurde im Fall von Kosovo und Osttimor zugunsten der Minderheiten und z.B. in den Fällen der Kurden, Tschetschenen und Tibeter gegen diese entschieden, je nachdem eine Einmischung für dem Westen, der hier die treibende Kraft ist, sinnvoll erscheint oder nicht.
Die Autoren vertreten den Standpunkt, dass sich Solidarität gegenüber den ihr entgegenstehenden Rechtsstandpunkten immer weiter durchsetzen wird, weil sich Solidarität auf tief verwurzelte Gefühle stützen kann.

Die Autoren sagen, dass assoziierte Industriestaaten als *„Solidaritätskerne"* einen starken Evolutionsschub für die Weltgemeinschaft hin zu einem Weltstaat ausüben würden, ihrer Attraktivität wegen. *„Jede,* auch die entlegenste Kultur, *möchte dazugehören, die Offenheit der offenen Gesellschaften für sich nutzen oder selbst zu einer offenen Gesellschaft werden. Die offenen Gesellschaften ihrerseits enthalten auf Grund ihres universalistischen Wertesystems – Menschenrechte, Gewaltlosigkeit, Freiheit, Gerechtigkeit, Brüderlichkeit für alle -*

eine Selbstverpflichtung zu weltweiter Solidarität (Hondrich, Koch-Arzberger)."[cclxxxiv] Heute wird internationale Politik jedoch zunehmend von *wirtschaftlichen* Interessen diktiert wird. Und es ist doch wohl gerade so, dass die Unterschiede im Lebensstandart sich zwischen „erster und dritter Welt" in den letzten zwanzig Jahren vergrößert haben und dass der Kapitalismus Billiglohnländer braucht. Die Autoren weisen nun darauf hin, dass die Entwicklungsländer, gerade als ausgebeutete, ein Anrecht auf die Solidarität der Industrieländer haben.[cclxxxv] Die Industrieländer fordern ihrerseits von den Entwicklungsländern, mit Blick auf die Weltgemeinschaft, ihre Umweltressourcen zu schonen, was von letzteren als Zynismus empfunden wird. So gibt es ein Geflecht gegenseitiger Solidaritätsforderungen zwischen Arm und Reich. Innerhalb der modernen Gesellschaften füllt Solidarität dort eine Lücke, wo *„die Zwanghaftigkeit der Macht, die kalte Vertragsförmigkeit des Marktes, die Gefühlssteigerung der Liebe, die gütige Herabneigung einseitigen Helfens nicht hingelangen. Solidarität ist gefühlvoller als Verträge, aber nüchterner als Liebe; nicht in uneigennütziger Caritas sich verströmend, sondern Gegenseitigkeit des Beistandes zumindest für eine unbestimmte Zukunft annehmend; aus freien Stücken zustande gekommen und auflösbar* (Hondrich, Koch-Arzberger)."[cclxxxvi] Diese Beschreibung erinnert etwas an die mediatisierte Kommunikation; hier wie dort treten an Stelle von Pflicht und Zwang früherer Zeiten Freiwilligkeit, Zweckmäßigkeit und eine neue, nicht mehr uneigennützige Offenheit. Es beginnt sich hier ein subtiles Muster paralleler Entwicklungen von moderner Ethik zu zeigen.

Die Autoren verweisen darauf, dass mit der Fülle der Entfaltungsmöglichkeiten, die eine Gesellschaft bietet, auch die Gefahren des Versagens zunehmen, und erinnern damit wieder an die Ambivalenz der Individualisierung, der Privatisierung von gelungenen und gescheiterten Lebensentwürfen.[cclxxxvii] Sie warnen vor einer Überlastung der gesellschaftlichen Solidaritätspotentiale, die zu deren Schwächung führen würden und die Solidarität stumpf machte für zwei ihrer wichtigsten Aufgaben: „[...] *auf unvorhergesehene Probleme zu reagieren und spontan und selbsteuernd erste Hilfe zu leisten* (Hondrich, Koch-Arzberger).“[cclxxxviii] Die Solidarität, schließen die Autoren, gesteht den Menschen ohne Unterbrechung ihre Freiheit zu, sie hält immer die nötige Distanz und ist *„unter den starken sozialen Verhältnissen die schwächste. Oft ist sie nur Vorreiter oder Hilfskraft für die stärkeren Bindungen der Liebe, der Macht, des Vertrages* (Hondrich, Koch-Arzberger).“[cclxxxix]

Als den eigentlichen Sinn der Solidarität sehen die Autoren *„Bestärkung durch schwache Verbundenheit.“* Probleme sollten eher toleriert als gelöst werden, sagen die sie, und erinnern damit an die Skepsis von Sander gegenüber der Durchsetzung von einem verbindlichen ethischen Kanon, welche erst Probleme schaffen statt lösen würde und auch an Rorty, der die Erkenntnis der Zufälligkeit aller eigenen Ansichten für durchaus hilfreich für die Entwicklung von Toleranz und Mitgefühl hält.

Auch hier wird Freiheit als Voraussetzung für Ethik und Solidarität bezeichnet. So ist Solidarität ein weiterer Hinweis für persönliche Freiheiten in der modernen Gesellschaft, die sich angesichts vieler Zwänge zu behaupten und zu entwickeln versuchen. Solidarität ist auch ein Argument für die Voraussetzung der *Freiheit* für Ethik, und gegen die Auffassung, Ethik sei an internalisierte ethische Normen gebunden.

Postmoderne Ethik

Das Buch von Zygmunt Bauman „Postmoderne Ethik“[ccxc] verleiht der Hoffnung Ausdruck, dass unter den Bedingungen der Post-Moderne *„die Quellen moralischer Kraft, die in der modernen Moralphilosophie und politischen Praxis verborgen blieben,* *anschaulich gemacht werden können und dass im Endeffekt die Chancen einer 'Moralisierung' des sozialen Lebens – wer weiß? – sich erhöhen mögen (Bauman,).*"[ccxci]

Der Autor sagt wie andere Autoren in dieser Arbeit, dass die für die modernen Staaten typischen Forderungen nach Normierung des öffentlichen Verhaltens in der Post-Moderne zunehmend zurückgewiesen werden. Der Versuch *„nach dem Absoluten, nach Universalien und theoretischen Letztbegründungen zu suchen (Bauman,),"* [ccxcii] um damit aktuelle politische und ethische Fragen zu beantworten, ist immer mehr zum Scheitern verurteilt. In traditionalen Gesellschaften war dagegen alles mit Hilfe von Letztbegründungen vorgeschrieben oder verboten, was es an Traditionen gab, alles war von den Göttern, Totems oder Clanoberhäuptern der Vorzeit beschlossen und das Überleben des Stammes hing von dem Gehorsam der einzelnen Mitglieder gegenüber dem Katalog geforderter und verbotener Handlungen ab.[ccxciii] Auch gab es noch keine Hierarchie der Werte, wie sie für die moderne Ethik so typisch ist, statt dessen *„schien sich in bezug auf die Bedeutung alles auf der gleichen Ebene abzuspielen, auf der gleichen Skala von 'richtig' und 'falsch' gewichtet zu werden (Bauman,)."*[ccxciv] Die Wahl unter verschiedenen Möglichkeiten war also erst möglich, nachdem sich Traditionen lockerten oder wie heute in Großstädten für den Einzelnen ganz wegfielen. Durch die Option des Wählens in weiten Bereichen wird moderne Ethik erst möglich gemacht.

Neben den altbekannten Fragen von Egoismus versus Altruismus, die damit mehr ins Zentrum rücken, ruft modernes Zweckdenken erst die ganze Vielschichtigkeit und Widersprüchlichkeit von moderner Moral ins Leben. *„Kommt es zur Bewertung, wird allerdings evident, dass 'brauchbar' nicht notwendigerweise 'gut' oder 'schön' nicht unbedingt 'wahr' sein muss. Der einmal einheitliche und unteilbare 'richtige Weg' fängt* *an, sich aufzusplitten in* `ökonomisch vernünftig´, `ästhetisch angenehm´, `moralisch sauber´ *(Bauman,),"*[ccxcv] (wofür die Schwangeren-Konfliktberatung der katholischen Kirche ein Beispiel ist). Alle Kriterien können sich überschneiden und miteinander in Konkurrenz geraten. Welchen ist der Vorzug zu geben?

Max Weber vertrat zwei entgegengesetzte Standpunkte in Bezug auf die Entstehung der Moderne. Zum einen sprach er davon, dass die Moderne aus der strikten Trennung der neuen kapitalistischen Betriebsführung mit ihrer auf Effizienz und Rentabilität ausgerichteten Strategie vom bisherigen Familienleben und dessen sozialen Miteinander hervorging. Zum anderen leitete er vom calvinistischen Protestantismus ausgehend eine innerweltliche Askese her, die infolge einer das ganze Leben durchdringende Spar- und Fleißmoral eine von mehreren Vorbedingungen gewesen sei, um dem entstehenden Kapitalismus erst das nötige Anfangskapital zu beschaffen. Es sind also zwei sich scheinbar widersprechende Theorien, mit denen Max Weber die Entstehung der Moderne zu beschreiben versucht, und damit bereits deren Widersprüchlichkeit einfängt. *„Das moderne Leben hält sich nicht an die Logik des Entweder-Oder (Bauman,)."*[ccxcvi] Im folgenden entwickelt Zygmunt Bauman seine Thesen von Ethik und Moral und deren Situation in der spät-modernen Gesellschaft.

„1. Die Behauptungen ´Menschen sind ihrem Wesen nach gut, man muss ihnen nur helfen, sich ihrer Natur gemäß zu verhalten und Menschen sind ihrem Wesen nach böse, man muss sie davor bewahren, ihren Impulsen zu folgen sind beide falsch. Tatsächlich sind Menschen moralisch ambivalent [ccxcvii] *[...]*

2. Moralische Phänomene sind inhärent nicht-rational.[ccxcviii] *[...]*

Moralität ist unheilbar aporetisch (schwierig oder gar nicht zu lösen).[ccxcix]

Moralität ist nicht universalisierbar.[ccc]

Aus der Perspektive der rationalen Ordnung ist Moralität irrational und muss es auch bleiben.[ccci]

Moralische Verantwortlichkeit für den Anderen ist die erste Wirklichkeit des Selbst.[cccii]

Die Postmoderne deckte eben nicht den Relativismus der Moral auf, sondern das Scheitern der modernen Versuche von ethischer Universalität. (Bauman,)."[ccciii]

Bauman geht hier also einen anderen Weg als Rorty. Bauman glaubt an die Möglichkeit einer persönlichen Wahrheit, die – wie oben erläutert - nicht erst im Denken durch Theorien entwickelt werden muss, sondern sich spontan, am Denken vorbei, intuitiv zeigt. Er weist weiterhin darauf hin, dass freier Wille schon zu Zeiten unumschränkter Kirchenherrschaft, aber besonders dann später in den modernen Nationalstaaten, den Mächtigen verdächtig erschien, außer wenn es sich um ihren eigenen handelte. Sie, die Philosophen und Gesetzgeber glaubten, „*dass Freiheit ohne Überwachung immer zu Zügellosigkeit führe und daher ein Feind des Guten sei (Bauman,).*"[ccciv] Die Freiheit des Einzelnen, wenn dieser Teil des zu beherrschenden Volkes war, galt als Quelle von Instabilität und Chaos, als zu erziehendes und zu stabilisierendes Element. Deshalb setzten die Gesetzgeber ihre Moralvorstellungen in Form von Strafgesetzen durch, die an die Vernunft des Einzelnen appellierten und ihm nahelegten, in seinem eigenen Interesse seine Instinkte zu unterdrücken. Darin lag von Anfang an ein Widerspruch. Denn die Moral und der Appell der Strafgesetze von oben waren nur mit der Vernunft des Einzelnen einschließlich ihrer Konsequenzen zu begreifen und nachzuvollziehen. Das warf die Frage auf, warum die Vernunft der Gesetzgeber größer sei, als die der beherrschten Massen.

Und dies ist ein Dauerkonflikt der modernen Gesellschaft, der bis heute andauert und deren unlösbare Aporie ist. Er versuchte sich in Richtung zweier Extreme hin zu entladen; einmal *„in der anarchischen Tendenz, gegen die als Unterdrückung erfahrenen Regeln zu rebellieren und andererseits in den totalitären Visionen* (Bauman,).“[cccv] die u. a. in den dreißiger Jahren in mehreren europäischen Staaten verwirklicht wurden. Dennoch glaubte man in der Moderne bis an den Rand der Post-Moderne heran noch an die Lösbarkeit dieses Widerspruchs, wenn auch nur für die Zukunft. *„Noch eine Anstrengung, noch ein Kraftakt der Vernunft, und die Harmonie würde erreicht sein – und niemals wieder verlorengehen* (Bauman,).“[cccvi]

Die Moderne suchte nach einer radikalen Lösung, die Universalität mit Begründbarkeit vereinen sollte. Die völlige Herrschaft eines Gesetzeswerkes über das Gebiet seiner Souveränität sollte dadurch erreicht werden, dass alle Bürger sich der von oben verordneten Vernunft entweder durch die Zwingkräfte des Staates oder durch die Begründungen der Philosophen überzeugen ließen, sich dem beugen würden und der Staat so eine harmonische Einheit bilden könnte.[cccvii] Die neuen Parallelgesellschaften haben wie wir schon angedeutet haben, ihre eigenen moralischen Codes, die auf ähnliche Weise durchgesetzt werden wie die des modernen Staates. Die Scharia wird zum Beispiel von ihren Anhängern als ein von Allah gegebenes Gesetz angesehen und die Erzählung ihrer Herkunft und Gültigkeit darf daher nicht hinterfragt werden und soll möglichst, wenn es nach den Eiferern geht, bei den es sich nicht nur um eine kleine Minderheit unter den Mulims handelt, sondern vielleicht 70%, auch bald in Europa gelten. Deren Denkschema, das wie beruht einerseits auf Abschreckung und andererseits auf einer archaischen Vernunft: Wenn man dem Dieb die Hand abschlägt, kann er nicht mehr klauen. Problem gelöst! Aber Moment! Wenn der Dieb nur noch eine Hand hat, wird er als Bettler leben müssen, das heißt, er wird auch weiterhin auf Kosten anderer leben. Das gleiche Dilemma wird es bei anderen auf Rache beruhenden Bestrafungen ebenfalls ergeben. Eine Frau zu steinigen, weil sie Ehebruch begangen hat, heißt sie trotzdem zu verlieren. Eine Tochter, die von der Mutter aus dem Fenster geworfen wird, weil sie zum Christentum übergetreten ist, wie kürzlich im Iran geschehen, bringt diese nicht zurück zu Allah. Hier zeigt sich der Vorteil der modernen Vernunft, die über das Augenscheinliche hinaus an die Konsequenzen, Möglichkeiten der Wiedergutmachung, das Gemeinwohl und die Vermeidung von Grausamkeit denkt. Diese Wissenschaft von Ausgleich, Klugheit und Balance war einmal ein Merkmal hochstehender Islamischer Reiche in Spanien und Irak, während das Christliche Europa in Aberglauben, Angst und Unterdrückung verharrte. Nach der Reconquista, d.h. christlichen Zurückeroberung, Spaniens verfiel die islamische Welt in eine kollektive Depression, wegen der angeblichen Bestrafung durch Allah für ihren Unglauben, und erwachte erst im 20.Jahrhundert daraus. Gleichzeitig leuchtet der Westen auch nicht mehr so als Leuchtturm der Vernunft über die Welt, wie es seine Verteidiger verstanden wissen wollen. Die Konsum- Internet-und Wegwerfkultur, die ganze Generationen mit oberflächlichen Ablenkungen an den Bildschirm fesselt, ohne ihnen genügend spirituelle Seelennahrung zu liefern, kann nicht mehr als Hochkultur bezeichnet werden. Die Frage nach der Ethik muss darum jeden Tag neu überall auf der Welt beantwortet werden. Das post-moderne Erbe, das hier diskutiert wird, ist ein zu schützendes Erbe in den Winden des Chaos die am Ende des zweiten Jahrzehnts dieses Jahrhunderts durch die Welt brausen.

Der Unglaube an das Finden eines *„nicht-ambivalenten, nicht-apoetischen ethischen Code*['s] (Bauman,)" ist dagegen post-modern und damit gegen den Herrschaftsanspruch des Islam gerichtet und mit diesem bis auf Weiteres unvereinbar. Post-Modern heißt nicht nach-modern, sondern meint, die

Entlarvung der Moderne als einer Suche, die niemals Erfolg haben könnte.[cccviii] Moralische Phänomene entziehen sich jedem Zweck-Mittel-Schema, da diese Phänomene Letzterem vorgeordnet sind. Sie sind also kein Produkt des Denkens und der Vernunft, sondern eher ein Naturprodukt.

Die klassischen Philosophen glaubten mehrheitlich daran, dass ethisches Handeln wohl begründet sein müsse, um auf festem Boden zu stehen. Bauman behauptet nun, dass das Gegenteil der Fall sei, dass Begründungen und Forderungen der Vernunft die spontanen Regungen des Herzens zerstöre. Ethik könne auch deshalb Moral nicht erfassen, weil Erstere nach dem Muster des Rechts gedacht und installiert wurde. Es ist hier anzumerken, dass die Ethik des Jesus von Nazareth aus der Situation heraus geboren wurden (oder besser aus Liebe heraus, die die Situation transzendierte), während Paulus, der große Interpreter des Jesus-Ereignisses, Handlungskataloge erstellte, weil er glaubte, dass die urchristlichen Gemeinden diese brauchten.

Ethik meint den Glauben an die Möglichkeit einer guten Wahl angesichts vieler schlechter Möglichkeiten und zwar in jeder Lebenssituation. Ethik setzt ein erlernbares Wissen um Regeln an die Stelle eines moralischen Selbst, das sich durch Verantwortung konstituiert. Aber natürlich kann es keinen Gesetzeskanon geben, der jede Lebenssituation einfängt und den Einzelnen damit entlastet. Ethische Regeln verbreiten den Glauben an Eindeutigkeit im moralischen Handeln, an eine klare Trennung zwischen gut und böse. Bauman aber behauptet, dass nur wenige moralische Entscheidungen eindeutig gut oder schlecht sind und sich oft zwischen widersprechenden Impulsen entscheiden müssen. Wenn die Person des Handelnden einen gleich hohen Wert besitzt, wie die des oder der anderen, dann fallen Entscheidungen immer zum Nachteil einer Seite aus, auch zum Nachteil der Natur, der dritten Welt usw., was moralisch ausgesprochen unbefriedigend ist. Alle moralischen

Entscheidungen bleiben also widersprüchlich. Die Modernen Staaten machten den Versuch *„die wilden – autonomen, widerspenstigen, unkontrollierten – Ursprünge der moralischen Urteilskraft zu eliminieren (Bauman,)."*[cccix] Sie versuchten es durch *„die Einsetzung heteronomer, von außen erzwungener ethischer Regeln"* die *„an die Stelle der autonomen Verantwortlichkeit des moralischen Selbst"* treten sollten, was *„nichts anderes als Schwächung, ja Zerstörung des moralischen Selbst (Bauman,)"*[cccx] bedeutete.

Moral ist für Bauman ein Schöpfungsakt aus dem Nichts, es gibt kein Selbst vor dem moralischen Selbst für ihn.

Damit hat dieses früheste Selbst eine rein funktionale Existenz, keine Existenz an sich, auch keine transzendentale Existenz. Er hinterfragt die üblichen moralischen Kategorien für richtiges Verhalten: *„Am häufigsten ist die Prämisse, Eigeninteresse müsse aufgegeben werden, da moralisches Handeln typischerweise nicht selbstbezogen sei. Dabei wird angenommen ʻfür andere daseinʼ sei mehr ʻwider die Naturʼ als ʻfür sich selbst daseinʼ und diese beiden Seinsmodalitäten würden in Opposition zueinander stehen (Bauman,)."*[cccxi]

Die Komplexität der ethischen Herausforderungen findet nirgendwo mehr einen natürlichen Halt, außer in einer nicht näher definierten frei schwebenden Verantwortung für die Folgen des eigenen Handelns.[cccxii] Verantwortungen aller Art sind mit den Rollen, die die Menschen gerade innehaben, verbunden. Mit dem Arbeitsschluss werden auch Verhaltenscodes an den Nagel gehängt und mit neuen ausgetauscht. Für Bauman jedoch bleibt bei aller Verwirrung das wirkliche Selbst frei, da von keiner der Rollen kontaminiert, da es allen Rollen vorgeordnet ist.[cccxiii] Regeln befreien nicht – da zu viele - von der Verantwortung. Letztendlich muss jeder selbst entscheiden, welche er befolgen soll.

Die Humanisten der Renaissance, *„wollten Gott durch den Menschen ersetzen, sie wollten ihn ins Zentrum des Universums stellen, ihn zum Gott erheben (Carroll)."*[cccxiv] Sie feierten die Freiheit weniger Auserwählter. *„Auf der einen Seite standen, die in der Lage waren, die ehrfurchtgebietenden, menschlichen Fähigkeiten in den Dienst der Freiheit zur Selbsterschaffung und Selbstkonstitution zu stellen, auf der anderen Seite eine leichtgläubige und unselige Herde, zur Knechtschaft geboren, wie John Milton die Massen beschrieb. Die Renaissance, die Zeit der Emanzipation, ist auch die Zeit der großen Spaltung.*
Es war das Animalische oder die menschlich-ungenügende, unwissende, abhängige andere Seite ihres Selbst, wovon sich die Elite emanzipierte – um es auf le menu peuple *zu projizieren, die grobe und ungeschlachte Masse also, die in den Augen der sich selbst befreienden Elite all die gräßlichen und widerwärtigen Kennzeichen des Tierischen im Menschen darstellte (Bauman,)."*[cccxv] Die Masse war nicht nur Gegenstand der Abscheu seitens der Elite, sondern auch Gegenstand der Herrschaft und der Fürsorge der staatstragenden Mächte. Die Philosophen erhoben sich zu den Schöpfern einer neuen Ethik, die zur Erziehung des Menschen und seiner Zivilisierung dienen sollte. Sie hatten es aber schwer, dafür konkrete lebende Vorbilder zu finden.[cccxvi]

Sie entwarfen die These, dass ihr Erziehungsversuch den Menschen erst zu seiner wahren Natur verhelfen würde, welche bisher nur als potentielle Möglichkeit in ihm schlafe. Die Menschen sollten einer rational begründbaren Moral aus Eigeninteresse heraus folgen, sie sollten verstehen, dass „Böses tun" ihnen schade.[cccxvii] Die Philosophen besaßen nach eigener Einschätzung den Zugang zu jener klaren Vernunft, die rationell erklärbares ethisches Verhalten hervorzubringen imstande war, während der Masse mit Strafgesetzen, also durch einen äußeren

Impuls mit Hilfe von Zwang, beigebrachte werden musste, was sie in Zukunft alles tun und lassen sollte.

Der Herrschaftsanspruch der moralischen Eliten gründete auf der Annahme, dass die Menschen Anleitung zum richtigen moralischen Handeln brauchten, obwohl sie auch wieder an deren moralische Autonomie appellierten.[cccxviii]

„Den Weisen (so der Codename der Mächtigen) kann man zutrauen, selbständig Gutes zu tun, aber man kann nicht allen Leuten zutrauen, weise zu sein. Daraus folgt, um es den Bemittelten zu ermöglichen, mehr Gutes zutun, muss man ihnen mehr Mittel geben (sie werden diese, so hofft man, sinnvoll verwenden); aber um die eher Mittellosen davor zu bewahren Böses zu tun, muss man die Mittel, die ihnen zur Verfügung stehen, weiter beschneiden, man braucht zum Beispiel nur den Reichen mehr und den Armen weniger Geld zu geben, um sicherzustellen, dass in beiden Fällen gut gearbeitet wird (Bauman,).“[cccxix]

Am Ende der Ära der Moderne ist der Einzelne wieder auf sich selbst zurückgeworfen. Der Versuch, ihn dadurch von der Möglichkeit individueller Schuld innerhalb der Vielfalt von neuen Situationen zu entlasten, indem ihm vom modernen Staat ein universell anwendbarer Verhaltenskatalog nicht nur angeboten, sondern auch aufgezwungen wurde, war zum Scheitern verurteilt.[cccxx]

„Statt ständig zu wiederholen, dass es keine moralischen Individuen gäbe, es sei denn durch Training und Drill gesellschaftlich hervorgebracht, entwickelten wir allmählich ein Verständnis, wonach es die moralische Befähigung von Menschen sein muss, die es in so bemerkenswerter Weise fertigbringt, Gesellschaften zu formen und gegen alle Widerstände ihr – mehr oder weniger glückliches – Überleben zu sichern (Bauman,).“[cccxxi]

Wir leben in einer Welt, in der es keine letztendlich begründbare Moral mehr gibt, keine allgemein gültige

Prinzipien und in der Anerkennung dessen entsteht die Postmoderne *„als einer Moderne ohne Illusionen (Bauman,).“*[cccxxii] *„Die Gefühle erhielten ihre Würde zurück, die unerklärlichen, ja irrationalen Sympathien und Bindungen, die sich nicht in den Begriffen von Brauchbarkeit und Zweck erklären können, ihre Legitimität (Bauman,).“* [cccxxiii]

Das moderne Bewusstsein reagiert verängstigt auf eine Befreiung menschlichen Verhaltens von den ethischen Normen moderner Gesellschaften und auf die Wiedereinsetzung von Intuition als beinahe einzigem Legitimierungsgrund für persönliche und gesellschaftliche Aktivitäten. Das bedeutet, dass Ambivalenzen im menschlichen Leben in Zukunft nicht mehr durch Vernunft, Logik und Zweckdenken hinweggefegt werden können. Bauman glaubt stattdessen, dass der Glaube an die moralische Kraft des Einzelnen bescheidener und realistischer ist als die großen gescheiterten Utopien der Moderne.[cccxxiv]

„Moral zu repersonalisieren bedeutet, moralische Verantwortung von der Ziellinie (wohin sie exiliert wurde) zum Startpunkt (wo sie zu Hause ist) des ethischen Findungsprozesses zurückzuführen (Bauman,).“[cccxxv] Die moralischen Selbste werden von Bauman als unersetzlich angesehen und die Beziehungen zwischen ihnen als asymmetrisch. *„Die Moral ist Begegnung mit dem Anderen als Anlitz (Bauman,).“*[cccxxvi] Die Beziehung, sagt Bauman, lebt davon, dass dem andern die Autorität zugestanden wird, etwas von einem selbst einzufordern, das man sich als Ausgleich wiederum einzufordern versagt.

Moral ist dann eine Haltung der Sorge um den andern. *„Ich bin für den Anderen, ob der Andere für mich ist oder nicht (Bauman,).“*[cccxxvii] Das Fürsein für den Anderen impliziert also keinerlei Erwartungen. Wenn jemand vom anderen etwas einfordert, zudem er selbst bereit ist, z.B. für das Vaterland zu sterben, so ist das keine moralische Aussage, wohl aber, wenn er sagt: „*Ich bin bereit für´s Vaterland zu sterben (Bauman,).*"[cccxxviii] Moral entsteht vor dem Denken, da Denken immer an Konstrukte (veraltete Vokabulare, wie Rorty sagen würde) aller Art gebunden ist und sich außerdem ausschließlich von Informationen und Wertungen der Vergangenheit herleitet, während der moralische Impuls der „*dem Instinkt sehr nahe* [ist] (Jean Fourastie"[cccxxix] im Augenblick entsteht. Diese Moral würde sich also nicht normieren, einfordern und zum Inhalt einer Gemeinschaft machen lassen, da sie aus der persönlichen Einsamkeit erwächst. Wenn sie aber zugelassen und praktiziert wird, so können aus ihr Gemeinschaften entstehen.[cccxxx]

„*Jeremy Bentham, der wohl mehr als alle anderen Denker für die Agenda der modernen Ethik verantwortlich ist, glaubte, dass `Menschen…mangelhaft mit Altruismus ausgestattet sind und daher, zur Ermutigung, eher Interessen der Mehrheit denn die eigenen zu verfolgen, die Androhung von Zwang benötigen (Dowrie und Talfer).´ Benjamin glaubte dass die `natürlichen´ menschlichen Motive des Verlangens nach Glück und des Vermeidens von Leid – an sich ohne jede moralische Signifikanz – `einfach Rohmaterial der menschlichen Psychologie darstellen, mit dem die Gesetzgeber oder Sozialtechniker umgehen müssen . (Sprigge).´*"[cccxxxi] Bauman konstatiert: „*Die meisten ethischen Argumentationen folgten großzügig der Kantischen Entkräftung der Gefühle als moralisch mächtige Faktoren (Bauman,).*"[cccxxxii]

„*Tugend selbst bedeutete für Kant und seine Anhänger die Fähigkeit, seinen eigenen gefühlsbedingten Neigungen zu widerstehen und sie im Namen der Vernunft zu neutralisieren oder zurückzuweisen.*

Die Vernunft zum einzigen Vermögen zu ernennen, das für die moralische Bewertung von Handlungen relevant ist, stempelt die Fragen der Moral von vornherein als regelgeleitet und Regeln als heteronom ab (Bauman,)."[cccxxxiii] Außerdem ist die Balance zwischen Vernunft und Regeln in Richtung der Regeln ausgeschlagen, was sich in der rechtlichen Beurteilung von Handlungen zeigt. Um zu bestimmen, ob eine Handlung gut oder schlecht ist, wird nun nicht mehr gefragt, ob deren Resultate gut seien, sondern ob die Handlung den Regeln folgte oder nicht.[cccxxxiv]

„Am Ende ist das moralische Subjekt aus den Banden autonomer Gefühle gehakt worden, nur um in das Geschirr heteronomer Regeln eingespannt zu werden. Die Suche, die mit dem Misstrauen gegenüber der moralischen Befähigung das Selbst beginnt, endet damit, die Berechtigung des Selbst zu moralischen Urteilen zu leugnen (Bauman,).*"*[cccxxxv]

Hier zeigt sich auch eine weitere Fassette des Zusammenpralls der Kulturen: Wenn der orientalische Mensch, der ebenfalls an ein äußeres Set an religiösen Gesetzen und Familienbanden gefesselt war, aber anderseits viel mehr von seinen Gefühlen bestimmt ist als Menschen im Westen, jetzt mit der sogenannten westlichen Freiheit konfrontiert wird, die zum Beispiel darin besteht Alkohol zu trinken oder in die Disko zu gehen, kann es zu einem Kurzschlussreaktion kommen. Er wird bald merken, dass die vermeintlichen Freiheiten nirgendwohin führen, ja dass in der Einsamkeit des Außenseitertums nichts zu gewinnen ist und dass diese Gesellschaft nur denen etwas bieten kann, die Teil einer wie auch immer definierten Gemeinschaft sind. Der Neuankömmling hat also nur zwei Möglichkeiten; er kann sich entweder in der alten oder in einer neuen Kultur des Miteinanders verorten und natürlich zwischen beiden eine Weile springen.

Nachdem Bauman ein Plädoyer für die Autonomie des moralischen Selbst vorgelegt hat, entwickelt er nun aber doch eine Theorie *für alle* darüber, wie Moral entsteht und welche Zielrichtung sie habe. Der zentrale Angelpunkt von Moral für Bauman darin besteht, dass sich das Individuum für den

Anderen, den ihm nächsten Menschen verantwortlich fühlen soll, dass es sich von dem anderen „als Antlitz" befehlen lassen soll, was es zu tun hat.

Bauman macht die Machtgier moderner Staaten für die Zerstörung individueller Kulturen und Ethiken verantwortlich: *„Der Krieg gegen das lokal Gültige, das Irreguläre und das Spontane war gnadenlos, aber selten schüttete der moderne Staat und sein erzieherischer Arm das Kind des Heiligen mit dem Badewasser lokalen Pluralismus aus. Die gesamte Moderne hindurch wurden immer wieder ernsthafte Anstrengungen unternommen, die Mannigfaltigkeit kommunaler Zusammenkünfte in ihrer dringend notwendigen Funktion, die Reservoirs heiliger Einheit aufzufüllen, durch ein zentral entworfenes und überwachtes Pantheon und einen Kalender an Festivitäten zu ersetzen.*

In der Regel mussten dies die Brennpunkte, Symbole und Rituale der neuen Religion werden: derjenigen des Nationalismus."[cccxxxvi] In der Post-Moderne wird dieses Szenario jedoch wieder aufgeweicht. Heutzutage können Staaten bestehen, ohne ihre Bürger symbolisch oder tatsächlich zu mobilisieren. *„Eine politisch inaktive, apathische Bevölkerung passt am besten zu den verbleibenden, hauptsächlich aus Serviceleistungen bestehenden Funktionen des Staates (Bauman,)."*[cccxxxvii]

Der moralische Impuls ist also bei Bauman nicht erziehbar, sondern ein natürliches Ereignis, das allen anderen psychischen Ereignissen vorgeordnet ist. Er teilt die Beobachtung der Fremdbestimmung in und durch die Moderne, glaubt aber, dass durch den Zusammenbruch der aufklärerisch-staatlichen Normenkataloge in der Post-Moderne schon eine neue Freiheit als Voraussetzung innerer moralischer Impulse gewonnen wäre.

Das wichtigste ist sein Plädoyer für den persönlichen moralischen Impuls gegen jede Erziehung und Sozialisation.

Ästhetik

Aus Platzgründen sei auf das Thema der post-modernen Lebensästhetik nur kurz eingegangen. Lebensästhetik versteht sich nicht einfach als Verschönerung des Lebens, sondern die Gestaltung des Lebens als Gesamtkunstwerk, also den Versuch, der Vielfältigkeit der Moderne durch den Versuch, das eigene Leben wieder zu einer Einheit zusammenzuschmelzen, entgegenzutreten. Dabei spielt der Eindruck persönlicher Freiheit eine große Rolle.[cccxxxviii] Dieser Eindruck entsteht durch die Möglichkeit der Neuerschaffung von Sinnzuschreibungen, die sich an Alltagsrituale und –Gegenstände, Macken und geistige Konstrukte aller Art richten können.[cccxxxix] Der Lebensästhet gebraucht die Zwänge und Chancen der heutigen Gesellschaft also als Rohmaterial für die Schaffung eines eigenen Universums von Symbolen und Wertigkeiten. Auf die Frage ob dies ein Akt von Befreiung sei, geben die Autoren folgende Antwort: *„Die Suche nach dem guten Leben bedeutet paradoxerweise nicht etwa einen Gewinn an Freiheit. Lebenskunst ist eine Aufgabe, die den ganzen Mann, die ganze Frau erfordert. Denn die permanente Inszenierung eines wie auch immer gearteten ästhetischen Bildes, das sich in jeder Facette des Seins widerzuspiegeln hat und dabei noch ständiger Überprüfung unterworfen ist, bedeutet, einen anstrengenden Vollzeitjob nachzugehen, einer Tätigkeit, die ebensoviel Frustration bereithält wie Befriedigung* (Goebel, Clermont).“[cccxl]
Dies beschreibt die weiter oben erwähnte *Selbstinszenierung als Appell an andere.* Während mit äußeren Zwängen frei jongliert wird, werden gleichzeitig die inneren Zwänge auf das ästhetische Selbstbild projiziert.

Was den Befreiungsimpuls hier zunichte machen kann, ist die *Zweckorientierung*, eines solchen Lebenskonzeptes. Das lebensästhetische Selbstkonstrukt ist zuerst einmal eine kognitive Schöpfung. Zweckorientierte kognitive Systeme können aber nicht der Befreiung dienen, sondern nur der freie Selbstausdruck des Individuums. Ganzheit wird nicht dadurch erreicht, dass das ganze Leben zur Selbstdarstellung genutzt wird, so frei gewählt diese auch sein mag, sondern durch einen von Zwecken befreiten Selbstausdruck. Die heutigen Zwänge bestehen ja vor allem aus dem Zwang bestimmte Dinge tun zu müssen, um im Trend zu bleiben. Auch der Lebensästhet, der seinen eigenen Wertekosmos geschaffen hat, bleibt an den Trend gebunden. Es ist immer mehr die Masse von Internet-Usern, die über Popularität entscheidet, die aber immer kürzer dauert. Es ist wie Andy Warhol schon vorhersagte: In der Zukunft wird man nur für wenige Stunden berühmt sein. Wie man bei Boris Becker sieht, kann es bei Leuten, die plötzlich sehr bekannt werden, zu einer Kristallisation der Persönlichkeit jenes Alters kommen, die dann für den Rest des Lebens anzudauern scheint, wie bei Becker die Persönlichkeit eines Siebzehnjährigen. Die unter großen Opfern gesuchte Berühmtheit kann sich als Fluch erweisen, weil sie für nichts Wirkliches steht, keine wirklichen Menschen und keine wirkliche Zuneigung.

Heute sieht sich das Individuum mit immer neuen Angeboten von Medien und Industrie konfrontiert, von denen es fälschlicherweise annimmt, dass sie ihm zu einem zukünftigen Zeitpunkt ein mehr an Zeit, Freiheit, Sinn und Wohlsein schenken würden. In Wirklichkeit nimmt die tatsächliche Freiheit mit der Zahl der Auswahlmöglichkeiten ab. Die Masse an Technik, die der „Verbraucher" um sich herum gruppiert hat, verlangt mehr Zeit, Aufmerksamkeit, (auch für neue Trends und Entwicklungen) als sie einzusparen imstande ist, wofür das Smartphone wiederum das beste Beispiel ist. Die Konsumspirale dreht sich um das Machbare, nicht das Brauchbare. Und bei dem für die Post-Moderne typischen Anpassungsdruck auf den Einzelnen kann man alles machen, bloß nicht hinterm Mond leben, was Trends und Technik anbelangt.

Zwei Tendenzen ethischer Entwicklungen
Das Thema der Ethik in der modernen Gesellschaft wurde nun aus den Blickwinkeln der Moderne, der Individualisierung, der Anomie, der Kommunikation, der Kontingenz, der postmodernen Ethik und flüchtig jenem der Lebensästhetik beleuchtet. Dabei standen immer wieder neue Sichtweisen im Blickpunkt, die das althergebrachten Reden vom Verfall von Gesellschaft, Sitte und Moral relativierten. Es wurden vor allem die Zwänge der Moderne beleuchtet und auf die Möglichkeit einer allmählichen Befreiung hingewiesen. Die Entwicklung unserer Gesellschaft bis 2019 hat sich als ausgesprochen widersprüchlich, vielfältig und faszinierend gezeigt.
Wir sehen nun zwei Tendenzen ethischer Entwicklung in der Moderne:
Erstens die *Transformation äußerer in innere Zwänge,* worunter vor allem die Versuche des Individuums fallen, *sich selbst darzustellen im Internet und der Öffentlichkeit und zu verkaufen,* nicht aber jede Selbstdarstellung, da diese eine allgemein menschliche Eigenschaft ist.
Zweitens die tatsächliche innere und äußere Befreiung von den Zwängen des Marktes, die sich z.B. in spirituellen Suchbewegungen, in der Solidarität, in jeder Form von Offenheit und Neugier, vielleicht in manchen Formen der Lebensästhetik und anderen echten Lebensäußerungen besteht, die auch strikte

religiöse Gruppen wie im Islam, Christentum und anderen Systeme miteinschließen.

Ethische Gesellschaftskritik

Heute herrscht noch oft die Überzeugung vor, dass alles Gute, seien es technische, gesellschaftliche oder natürliche Problemlösungen, *erzwungen* werden müsse. Die hier zusammengetragenen Thesen von Ethik und Menschsein eröffnen eine hoffnungsvollere Perspektive: Ganzheit als natürliches Erbe der Menschheit könnte, sobald ein Großteil der Individuen ihrer teilhaftig würde, viele unnötigen Probleme zu lösen helfen, mit denen die Gesellschaft heute zu tun hat.

Es ist vielleicht die Überzeugung aus den Frühzeiten der Geschichte, dass zu wenig Ressourcen für alle da wären und deshalb um deren Verteilung gekämpft werden müsse, die zu dem der Moderne zugrunde liegenden Glauben, dass das Leben und der Mensch letztlich schlecht seien, geführt hat und zu der Überzeugung, *dass alles, was sich selbst überlassen wird, zugrunde geht.* Darum wurde der Versuch unternommen das Wünschenswerte zu erzwingen. In unserer Kultur wird mittlerweile vieles mit Hilfe von Technik erzwungen; vor allem Geschwindigkeiten von Prozessen und Kommunikation, Effizienz in allen Bereichen und eine Ethik, die der derzeitigen Gesellschaft dienen soll.

Eine agrarisch geprägte Kultur ist vermutlich eher der Auffassung, dass man nur ernten kann, was sich einem *umsonst* entgegenstreckt, nachdem man so gut wie möglich gepflügt, gesät und gedüngt hat, dass man aber niemals das Leben zu etwas zwingen kann, dass das Eigentliche also *von selbst* geschieht.

Paradoxerweise werden in der heutigen Moderne zentrale gesellschaftliche Systeme weitestgehend sich selbst überlassen:

die Geldwirtschaft und die Technik. Das nutzlose und riskante weltweite Hin- und Herfließen von Kapital wird erleichtert, anstatt es zu kontrollieren. Einer der *„einflußreichsten Ökonomen unserer Zeit"*[cccxli] Paul Krugman, sagt dazu: *„Früher kannten wir die Spieler an den Finanzmärkten viel besser.*

In der heutigen Zeit dagegen haben wir es plötzlich mit anonymen Institutionen zu tun, über die wir ganz wenig wissen, mit Hedge-Fonds, die wie Banken agieren, sich aber außerhalb jeder Kontrolle bewegen. Was wussten wir schon über einen Fonds wie Long-Term Capital Management, bevor der vor einem Jahr die Welt beinahe in den Abgrund stürzte (Paul Krugmann)?"[cccxlii] dass die Weltwirtschaft nicht zusammenbrach war nach Ansicht Krugmanns nur dem Vertrauen der Märkte *in einen einzigen Mann* zu verdanken, dem US-Zentralbankchef Alan Grennspan, *„der die richtigen Worte zur richtigen Zeit gefunden* (Paul Krugmann)"[cccxliii] hat.

Unserer westliche Moderne scheint es nicht gerade an Vertrauen zu mangeln, wenn sie ihre Existenz ausgerechnet den internationalen Finanzmärkten anvertraut, wohl aber, wenn es um die moralische Entwicklung des Einzelnen geht. Dem Gedanken des Mangels und dem sich daraus ergebenden Verteilungskampf liegt eine sehr wichtige aber falsche Überzeugung zugrunde: Die Überzeugung, dass es so etwas wie getrennte Systeme überhaupt geben könne. Dabei ist der Mensch ein offenes System, das durch Atmung, Temperaturaustausch, Stoffwechsel, Fortbewegung, Aktivitäten und Kommunikation mit seiner Umwelt verbunden ist. Die Außengrenzen des Systems Mensch lassen sich überhaupt nicht feststellen. Das wichtigste Indiz für die Verbundenheit aller Systeme im Universum ist die Erkenntnis von der Unbegrenztheit der Wirkung von Gravitation. Selbst der Raum ist bereits a pri´ori gekrümmt, was bedeutet, dass der euklidische Raum, der aus drei gekreuzten Geraden besteht, ein bloßes Konstrukt des menschlichen Geistes ist, in Wirklichkeit gibt es in dieser Welt nur „krumme Geraden." In einer Welt, deren wichtigstes Medium für ihre Existenz, der Raum, bereits ein einheitliches Gewebe bildet, kann es keine *völlig* unabhängigen Systeme geben und zwar auch keine sozialen, gesellschaftlichen oder psychischen Teilsysteme. Zumindest müsste für die Wissenschaft die Verbundenheit aller Systeme die Grundannahme bilden und nicht das Gegenteil.

Wer behauptet, dass zwei Systeme keinerlei Wechselwirkung miteinander besäßen, müsste dies beweisen und es würde sich sehr schnell zeigen, dass ein solcher Beweis unmöglich ist. All diese Erkenntnisse sind schon lange bekannt.[cccxliv] Warum werden sie in gesellschaftlichen und sozialen Debatten nicht stärker anerkannt? Vermutlich, weil das System des Kapitalismus zu eng mit dem Trennungsgedanken verflochten ist. Die Hoffnung auf Inseln des Glücks inmitten einer Welt von Armut und Leid liegt dem Konsumdenken einfach zu Grunde. Würde im gesellschaftlichen Bewusstsein jedoch die Erkenntnis verankert, dass alles sich gegenseitig beeinflusst, und dass *es etwas mit uns macht*, wenn wir in einem System leben, das den meisten Menschen, Tieren und Pflanzen auf der Welt schadet, wären Veränderungen schwerer zu verhindern.

Auch die Veränderung der Medienpolitik und der Gedanke einer notwendigen „ethischen Hygiene" im öffentlichen Bewusstsein ständen durch dieses neue Paradigma auf der Tagesordnung. Unsere Gesellschaft lässt es zu, dass junge Menschen von gewaltverherrlichenden Spielen und Filmen beeinflusst werden. Die Verheißung der Gewalt ist vor allem wohl die, dass man *den eigenen Schmerz los wird, wenn man anderen weh tut*. Dieser Verheißung muss klar widersprochen werden, indem rechtzeitig zum Mitgefühl erzogen wird. Wenn sich unsere Gesellschaft für das entscheidet, was sie die Freiheit der Medien nennt – und das heißt, dem vulgären Mittelmaß eine Bühne zur Verfügung zur Stellen, auf der es an die niedrigsten Instinkte der Zuschauer appellieren kann - dann sollte sie die durch Gewalt verursachten Schäden mit einkalkulieren und ehrlicherweise, als direkte Folge gewaltverherrlichender Mythen im gesellschaftlichen Bewusstsein anerkennen. Wer immer noch ernsthaft an der Beeinflussbarkeit des Bewusstseins von Kindern und Jugendlichen durch die Medien – *und damit ihres Verhaltens* - zweifelt, sollte wie gesagt, zuerst einmal beweisen, wie das Konstrukt totaler Nichtbeeinflussung begründbar und verifizierbar sei. Solche Behauptungen sind schlichter Opportunismus gegenüber dem (noch) bequemen Status Quo.

Die *so schnelle* Zerstörung des Mitgefühls gegenüber jüdischen Mitbürgern im Nationalsozialismus ist wohl nicht so sehr ein Indiz für die Schlechtigkeit eines Volkes, sondern eher für die ethische Verantwortung der Medien, was *eigentlich* zu denken geben sollte. (Und unsere Medien enthalten noch Reminiszenzen an den Faschismus, wie dem Effizienzideal, Körper- und Gewalt-Ästhetik, Gen-Styling, den Mythen des Bösen, usw..)[cccxlv] Die Gegenthese würde natürlich lauten, dass *alles*, was in das Bewusstsein eines Menschen gelangt, ihn und sein Verhalten beeinflusst, besonders stark das von Kindern. Wer wollte die Existenz eines autarken Bewusstseins-Pools mit der Aufschrift: *„Das war nur ein Film"* behaupten? Leser von Stephan Kings Romanen und Horrorfilmen berichten von einer Zunahme von Angst und Grauen in ihrem Leben, was zeigt, dass Tages- und Unterbewusstsein letztlich doch von *jeder* geistigen Nahrung kontaminiert werden, ob man will oder nicht.

Wir haben weiter oben gesagt, dass die heutige Gesellschaft durch den Markt integriert werde. Dem lag die Vermutung zugrunde, dass eine eng mit dem Markt partizipierende Gesellschaft auch miteinander integriert werden würde. Das muss aber nicht so sein. Es kann auch sein, dass die

Individualisierung, obwohl auf den Markt ausgerichtet, durch diesen keineswegs wieder relativiert wird. Denn der Markt mit seinen heutigen Gesetzen ist nichts, das aus der Mitte der Gesellschaft organisch herausgewachsen wäre, sondern immer mit Gewalt eingeführt und durchgesetzt wurde. Das Geld, an sich ein Symbol, das für nichts steht, eine Hilfskonstruktion um den Tauschhandel von *Gütern* zu erleichtern, wurde zum Wert an sich, mit Hilfe dessen sich Zeit, technische, natürliche und menschliche Eigenschaften messen lassen. Diese Vorstellungen sind dem menschlichen Empfinden völlig fremd und können nur durch eine schmerzvolle Sozialisation anerzogen werden.

Die Ausgerichtetheit des Marktes auf die Geldvermehrung verhindert nun möglicherweise, dass er so etwas wie ein runder Tisch wird, an dem sich alle individualisierten Teile der Gesellschaft wieder treffen. Vielleicht verhindert der Markt und sein Abkömmling, das Internet die Kommunikation ja mehr, als dass er sie ermöglichte? Dann würde ihm eine versteckte Dämonie innewohnen: Der Markt, der auf Zerschlagung aller gesellschaftlichen Strukturen drängte (Die Clans wurden zu Familien, die Familien zu Individuen, die Individuen zu Teilpersönlichkeiten), ließe dann die Individuen einsam als Ware und Konsument innerhalb seines Spieles zurück und verhinderte mit seinen zweckrationalen Zwängen deren erneute Verbindung miteinander. Dies ist eine mögliche Facette dieser Entwicklung. Die Integration der Gesellschaft kann aber durch eine Befreiung der Kommunikation von der Zweckgebundenheit von Angebot und Nachfrage und damit der Ermöglichung wirklicher Begegnung gefördert werden.

Ausblicke

Wohin wird sich unsere Gesellschaft entwickeln? Zur Zeit erwacht das Bewusstsein im Westen, dass sich neben der militärischen Bedrohung durch Russland China als der eigentliche Gegner entpuppen mag. Dieses Land verkauft sein System der bald totalen Kontrolle als Modell für die ganz Welt und versucht es schon überall in der Welt einzupflanzen. Da gibt es die Autobahnen in Afrika oder die neue Seidenstraße durch Afghanistan und Pakistan, da gibt es den massiven Import von Billigprodukten, Elektronik und Autos nach Europa und Amerika. Aber die größte Bedrohung stellen das militärische Hegemoniestrebens Chinas, die Besorgung und Entwicklung von elektronischem Know-How und die Monopolisierung Rohstoffversorgung in der Zukunft dar.

Zurück in Deutschland werden die Individuen der Post-Moderne von der Sicherheit des Umsonst-Versorgt-Werdens Abschied nehmen müssen, wenn sie nicht unter die Räder kommen wollen und die Verantwortung für ihr Leben wieder stärker alleine in die Hände nehmen. Das finden Neoliberalisten gut und viele andere schlecht. Einerseits ist das Besitzstands- und Versorgungsdenken auch kritisch zu sehen, weil es auf Kosten anderer geht und Menschen in eine entmündigende Position gezwungen hat. Andererseits klingen die Argumente des Neoliberalismus manchmal etwas zynisch. Sie versuchen wieder einmal den Darwinismus als reinigendes und klärendes Prinzip in der Gesellschaft zu verankern. Die Politik verfolgt dagegen keine Visionen mehr, sondern lässt sich von Sachzwängen, die sie selbst zuvor verursacht hat, leiten. Das Tragische daran ist, dass die Zeit für Entscheidungen einmal abläuft, dass der Korridor für eine Umwandlung des westlichen Gesellschaftssystems in eine nachhaltig wirtschaftende Gesellschaft nur noch eine bestimmte Zeit offen ist. Der springende Punkt ist, dass kaum über alternative Formen des Wirtschaftens nachgedacht und uns dieses System immer noch als vernünftig verkauft wird, obwohl ein System nur dann vernünftig ist, wenn es die Interessen *aller* wahrt. (Warum wird z.B. nicht über das Funktionieren der geldlosen anarchistischen Wirtschaft im Spanien von 1936 diskutiert?) Ein offener gesellschaftlicher Dialog wäre notwendig, in dem auch der Kapitalismus immer wieder zur Disposition gestellt werden und nicht wie heute, über die Interessen des gesellschaftlichen Ausgleichs, der (tatsächlichen, nicht anerzogenen) menschlichen Bedürfnisse und des Ökosystems gestellt werden dürfte. Bei den Irokesen wurden nur einstimmig via Überzeugungsarbeit hergestellte Entscheidungen gefällt, wobei immer auch die siebente Generation am Verhandlungstisch eine Stimme hatte.[cccxlvi] Dieses System beeinflusste zwar den Abstimmungsmodus im UNO-Sicherheitsrat[cccxlvii], aber das Entscheidende wurde übersehen. Nach irokesischer Auffassung ist eine Entscheidung nur dann vernünftig, wenn sie auch der *siebenten Generation* der Enkel keinen Schaden zufügt. Zur Zeit wird der Begriff der Vernunft durch reinen Egoismus definiert.

Schlußfolgerung

Wir brauchen wieder mehr Vertrauen in die menschliche Natur, durch weniger Tun, durch Entschleunigung, Verlangsamung aller Prozesse, so dass sich unsere Gesellschaft wieder den natürlichen Rhythmen des Lebens annähert. Die hier geforderte Befreiung meint viele Dinge, z.B. die Einsetzung eines Rechts auf Kindheit, auf Stille, angesichts des allgegenwärtigen Lärms der Maschinen und der Unterhaltungsindustrie (Unterhaltung meint ja, dass das Bewusstsein vom gegenwärtigen Moment in eine fiktive Realität fortgedrängt wird) und auch eines Rechts auf die Rückgewinnung der Autonomie über die eigene Zeit. Das heißt, wieder das Recht zu haben, sich im gegenwärtigen Augenblick aufhalten zu können, statt ständig vorwärts hetzen zu müssen. Es ist an der Zeit damit aufzuhören den Kindern schlechte Dinge als gut zu verkaufen, d.h. sie auf Schnelligkeit, Effizient und Selbstverleugnung hin zu erziehen und sie stattdessen Ganzheit, Mitgefühl und die Verbundenheit mit allem Leben zu lehren. Dann erst sind sie in der Lage, selbst zu entscheiden, was sie wollen.

Ein Pädagoge, der dieser Maxime folgt, muss die ihm Anvertrauten *sich selbst zurückgeben*, welches die größte Leistung ist, die er vollbringen kann. Nicht Bindung an Programme und Menschen, sondern Freiheit wird die pädagogische Maxime der Zukunft heißen. Und das heißt auch, dass Pädagogik als ausgleichende Wissenschaft nur solange existieren muss, solange die Moderne den Menschen von sich selbst fortreißt.

Wenn es einmal eine dem Menschen gemäße Zivilisation geben wird, wird niemand mehr eine Wissenschaft brauchen, um dem Leben auf die Sprünge zu helfen, wohl aber wird dann wieder die Weisheit der Alten und ihrer Mythen in den jeweils eigenen Kulturen gefragt sein. Eine jener Weisheiten mag dann vielleicht lauten, dass Schattenseiten des Lebens wie Schmerz, Leid, Aggression und Tod Teil desselben bleiben werden, obwohl eine gewisse Kontrolle darüber möglich und anzustreben ist, dass sie jedoch Überhand nehmen werden, wenn der Mensch sie ganz besiegen will.

Weitere Bücher von Peter Bernhard:

„Der Kurs der Wunder" über eine neue Art zu Leben und Christus nachzufolgen, für das dritte Jahrtausend.

"Die Pforten der Maria Magdalena" Einführung in die gnostische Lehre des Märchens "Eisenhans"

„Christsein in der Matrix" Besser leben in einer unwirklicher werdenden Welt.

„Die Essenz der Ribhu-Gita“, Die makellose Erleuchtungsschrift der Vedanta in Auszügen

„Das Evangelium der Katharer“ Wie würde ein Evangelium aussehen, das keinerlei Angst vor Gott erzeugt?

„Die Katharer“ Begegnungen, Liebe und Abenteuer in den Bergen Kataloniens.

„Im Westen ist das Meer noch tief“ Das Abenteuer der Selbstentdeckung auf dem Jakobsweg.

„Christliches Mantra“. Durch ein betendes Leben Sinn und Freude finden.

„Mit Crazy Horse im Schnee“. Eine bewegende und abenteuerliche Erzählung über die Begegnung eines Mannes mit der Kultur der Dakota und dem eigenen Tod.

„Das Thomas-Evangelium“ mit Kommentaren, eine tiefgründige Einführung in die mystischen Lehren Christi.

„Was Jesus wirklich lehrte“ Die wesentlichen Erkenntnisse, die Jesus gelehrt hat, um den Frieden Gottes zu finden.

"Wir leben alle in Gott“, Die verborgene Botschaft des Johannesevangeliums

„Drei geheimnisvolle Märchen, Hänsel und Gretel, Der Goldene Vogel und Der Eisenhans kommentiert“ Diese

Märchen weisen auf die Geheimnisse des inneren Weges zurück zur Quelle der Schöpfung hin.

Als Übersetzer: „Gespräche mit Jesus, über die letzten Schritte des Erwachens.“

Endnotenverzeichnis

[i] Siehe dazu: Fromm, Erich, Haben oder Sein, Deutsche Verlags-Anstalt, Stuttgart, 1996, S. 146: *„Der Mensch wird zur Ware auf dem Persönlichkeitsmarkt.“*

[ii] *„Diese Ausdifferenzierung von ʻIndividuallagenʼ geht aber gleichzeitig mit einer hochgradigen Standardisierung einher. Genauer gesagt: Eben die Medien, die eine Individualisierung bewirken, bewirken auch eine Standardisierung. Dies gilt für Markt, Geld, Recht, Mobilität, Bildung usw. in jeweils unterschiedlicher Weise. Die entstehenden Individuallagen sind durch und durch (arbeits)marktabhängig. Sie sind sozusagen die Perfektionierung der Marktabhängigkeit bis in alle Fasern der*

Existenz(Sicherung) hinein [...]. Beck, Ulrich, Risikogesellschaft, Edition Suhrkamp, Frankfurt am Main, 1986, S. 210

[iii] ebd.

[iv] *„Der oder die einzelne selbst wird zur lebensweltlichen Reproduktionseinheit des Sozialen"* Beck, Ulrich, Risikogesellschaft, 1986, S. 209

[v] Van der Loo/ Von Reijen; Modernisierung, DTV, München, S. 52

[vi] ebd. S. 53

[vii] ebd. S. 60

[viii] ebd. S. 61

[ix] ebd. S. 62

[x] Weber, Max, Die protestantische Ethik und der Geist des Kapitalismus, UTB, 1988, S.84 ff.

[xi] Van der Loo/ Von Reijen; Modernisierung, DTV, München, S. 65

[xii] ebd. S. 69 f.

[xiii] ebd. S. 71

[xiv] *„Es bedurfte Jahrhunderte der `Armenfürsorge´ in Arbeitshäusern und Gefängnissen, militärischer Zucht und drakonischer Strafen bis die Lohnarbeiterschaft an die Formel glaubte, dass Zeit auch Geld sei."* Hohn, Hans-Willy, Zyklizität und Heilsgeschichte, in Ästhetik und Kommunikation, 1981, 45/46, S. 93

[xv] Van der Loo/ Von Reijen; Modernisierung, DTV, München, S. 31

[xvi] ebd.

[xvii] ebd. S. 33

[xviii] ebd. S. 34

[xix] ebd.

[xx] ebd. S. 36

[xxi] ebd. S. 37

[xxii] ebd. S. 39 f.

[xxiii] ebd. S. 41 f.

[xxiv] ebd. S. 42

[xxv] Individualisierung und Integration: Neue Konfliktlinien und neuer Integrationsmodus?; Hrsg: Ulrich Beck und Peter Sopp, Opladen, Leske und Budrich, Einleitung: „Individualisierung und Integration - Versuch einer Problemskizze", S. 10/11

[xxvi] ebd. S.10

[xxvii] ebd. S.11

[xxviii] ebd. S.12

[xxix] ebd. S.12

[xxx] ebd. S.11

[xxxi]Burkart, G., Individualisierung und Elternschaft – Das Beispiel USA, in: Zeitschrift für Soziologie, Jg. 22, S. 159-177, in: Wohlrab-Sahr Monika, Individualisierung: DifferenzierungsProzess und Zurechnungsmodus, S. 23, in: Beck/Sopp, , S. 25

[xxxii] Wohlrab-Sahr, S. 23

[xxxiii] ebd. S. 24

[xxxiv] ebd. S. 24

[xxxv] ebd. S. 24

[xxxvi] ebd. S. 32

[xxxvii] Ronald Hitzler, Orientierungsprobleme im Übergang zu einer `anderen` Moderne, in: Beck/Sopp, S. 50

[xxxviii] ebd.

[xxxix] ebd. S. 51

[xl] ebd. S. 53

[xli] ebd. S.55

[xlii] ebd. S.62

[xliii] Beck-Gernsheim,, Stabilität der Familie oder Stabilität des Wandels?, in: Beck/Sopp, S. 66

[xliv] ebd. S.66

[xlv] Diekmann/Engelhardz,a, Die soziale Vererbung des Scheidungsrisikos, Eine empirische Untersuchung der Transmissionshypothese mit dem deutschen Familiensurvey, In: Zeitschrift für Soziologie, Jg. 24, S. 215-228, in: Beck-Gernsheim, Stabilität der Familie oder Stabilität des Wandels?, in: Beck/Sopp, S. 66/71

[xlvi] ebd. S. 72

[xlvii] ebd. S. 76

[xlviii] Fthenakis, W. E., Kindliche Reaktion auf Trennung und Scheidung,, in: Familiendynamik, Jg. 20, H. 2, April,, S. 127-154 in: Beck-Gernsheim, in: Beck/Sopp, S. 76,

[xlix]Beck, Ulrich, Die uneindeutige Sozialstruktur in: Beck/Sopp, S. 183

[l] ebd. S. 184

[li] ebd. S. 185

[lii] ebd. S. 188

[liii] ebd. S. 189

[liv] ebd. S. 192

[lv] ebd. S. 192/193

[lvi] Berger, P. A., Individualisierung. Statusunsicherheit und Erfahrungsvielfalt, Opladen, 1996, in: Beck/Sopp, S.192

[lvii] ebd. S. 193

[lviii] Bohle/Heitmeyer/Kühnel/Sander, Anomie in der modernen

Gesellschaft: Bestandsaufnahme und Kritik eines klassischen Ansatzes soziologischer Analyse in Heitmeyer (Hg.), Was Treibt die Gesellschaft auseinander?, Edition Suhrkamp, Frankfurt am Main, S. 29

[lix] Durkheim, Emil., Der Selbstmord, Neuwied/Berlin, 1973

[lx] Bohle/Heitmeyer/Kühnel/Sander, , S.30

[lxi] ebd. S. 31

[lxii] Durkheim, E´, Der Selbstmord, Neuwied, 1973 in: Bohle/Heitmeyer/Kühnel/Sander, , S. 31

[lxiii] Bohle/Heitmeyer/Kühnel/Sander, , S. 32/33

[lxiv] ebd. S. 33

[lxv] Bauman, Zygmunt, Postmoderne Ethik, Hamburger Edition, HIS, Verlagsges. MbH, Hamburg,

[lxvi] Merton, R.K.: Social Structure and Anomie, in Social Theory and Social Structure, New York, 1968, S. 121-137, in Bohle/Heitmeyer/Kühnel/Sander, , S. 38

[lxvii] Bohle/Heitmeyer/Kühnel/Sander, , S. 38

[lxviii] ebd. S. 39

[lxix] ebd. S. 41

[lxx] ebd. S. 42

[lxxi] ebd. S. 48

[lxxii] ebd. S. 363

[lxxiii] ebd.

[lxxiv] ebd. S. 368

[lxxv] ebd.

[lxxvi] ebd. S. 371/372

[lxxvii] Nunner-Winkler, 1988, , G./ Sodian, B.: Childrens Understanding of Moral Emotions, In: Child, Development 59 , 1988, S. 1323-1338 in: Nunner-Winkler, , in: Heitmeyer , S. 373

[lxxviii] Nunner-Winkler, , S. 374/375

[lxxix] ebd. S. 376

[lxxx] ebd. S. 376/377

[lxxxi] ebd. S. 377

[lxxxii] ebd. S. 381

[lxxxiii] ebd.

[lxxxiv] ebd. S. 382

[lxxxv] Barz, Heiner, Dramatisierung oder Suspendierung der Sinnfrage? in: Heitmeyer , S. 415

[lxxxvi] ebd.

[lxxxvii] ebd.

[lxxxviii] Inzwischen erschienen: Jörns/Großeholz (Hrsg.), Was die Menschen

wirklich glauben, Chr. Kaiser, Gütersloh
[lxxxix]Barz, Heiner, Dramatisierung oder Suspendierung der Sinnfrage?, in: Heitmeyer , S. 416
[xc] ebd. S. 419/420
[xci] ebd. S. 420
[xcii] ebd. S. 423
[xciii] Sziegaud-Roos,w. Religiöse Vorstellungen von Jugendlichen in Jugendwerk der deutschen Shell AG (Hg.): Jugendliche und Erwachsene '85. Generationen im Vergleich, Bd. 4 Opladen 1985, S. 372ff..;
Nipkow, K.E. Erwachsenwerden ohne Gott? Gotteserfahrung im Lebenslauf München, 1987, S.69; Kirchenamt der EKD (Hrsg.) Der Dienst der Evangelischen Kirche an der Hochschule, Gütersloh 1991, S.122;
Barz, H., Postmoderne Religion an Beispiel der jungen Generation in den alten Bundesländern, Jugend und Religion, Bd. 3, Opladen 1992b, S.117ff.;
alle in: Barz, Heiner, Dramatisierung oder Suspendierung der Sinnfrage?, in: Heitmeyer , S. 425
[xciv] Deutsche Bibelgesellschaft, Die Bibel nach Martin Luther, Stuttgart, 1985, NT, S. 138
[xcv] Barz in: Heitmeyer , S. 427
[xcvi] ebd. S. 426
[xcvii] ebd. S. 428
[xcviii] ebd. S. 431
[xcix] Groth, D.: Die verschwörungstheoretische Versuchung oder Wy do bad things happen to good people?, in: Merkur, 41.Jg.(1987). S. 859-878.
Marquard, O.: Ende des Schicksals? Einige Bemerkungen über die Unvermeidlichkeit des unverfügbaren, in: Ders.: Abschied vom Prinzipiellen, Stuttgart, 1981, S.82ff.
In: Barz, , in: Heitmeyer , S. 431.
[c] ebd. S. 433
[ci] ebd. S. 435
[cii] ebd. S. 434
[ciii] ebd.
[civ] Nipkow, K. E.: Neue Reiligiosität, gesellschaftlicher Wandel und die Situation der Jugendlichen, in: Zeitschrift für Pädagogik, 27.Jg.(1981), S. 383ff.,
Siegert, M. T.: Neo-religiöse Bewegungen unter Jugendlichen, in: Zeitschrift für Pädagogik, 27.Jg. (1981), S.414, beide in:
Barz, , in: Heitmeyer , S. 436
[cv] Kehrer, G.: Religiöse Gruppenbildungen, in: Zinser, H.(Hrsg.): Religionswissenschaft, Eine Einführung, Berlin, 1988, S.110, in: Barz, , in:

Heitmeyer , S. 436

[cvi] Schmitz, E./Friebe, S.: Die „Neuen Jugendreligionen" – öffentliche Akzeptanz und Konversionsmotive, in: ders. (Hg.): Religionspsychologie, a.aO., S. 242, in: Barz, , in: Heitmeyer , S. 436

[cvii] ebd. S. 439

[cviii] ebd.

[cix] ebd. S. 440

[cx] ebd. S. 441

[cxi] ebd.

[cxii] Mischo, J.: Okkultismus bei Jugendlichen. Ergebnisse einer empirischen Untersuchung, Mainz, 1991, in: Barz, , in: Heitmeyer , S. 442

[cxiii] Barz, , in: Heitmeyer , S. 442

[cxiv] Barz, H.: Menschen und Mächte. Oder: Die gebrochene Wahrheit des (jugendlichen) Okkultismus, in: Ders. (Hg.): Dämonen im Klassenzimmer., Weinheim/Basel, 1990, S. 131,
Mischo, J.: Okkultismus bei Jugendlichen. Ergebnisse einer empirischen Untersuchung, Mainz, 1991, S. 122
Helsper, W.: Okkultismus – Die neue Jugendreligion? Die Symbolik des Todes und des Bösen in der Jugendkultur, Opladen, S.126, alle in: Barz, , in: Heitmeyer , S. 442

[cxv] Barz, , in: Heitmeyer , S. 443

[cxvi] Barz, H.: Menschen und Mächte. Oder: Die gebrochene Wahrheit des (jugendlichen) Okkultismus, in: Ders. (Hg.): Dämonen im Klassenzimmer., Weinheim/Basel, 1990, S.130, in: Barz, , in: Heitmeyer , S. 444

[cxvii] Barz, 1990, S.130
Hunfeld, F./Dreger, T.: Magische Zeiten. Jugendliche und Okkultismus, Weinheim/Basel, 1990, S. 25f.
Mischo, J.: Okkultismus bei Jugendlichen. Ergebnisse einer empirischen Untersuchung, Mainz, 1991, S. 122ff
Helsper, W.: Okkultismus – Die neue Jugendreligion? Die Symbolik des Todes und des Bösen in der Jugendkultur, Opladen, S.163 ff, in:
Barz, , in: Heitmeyer , S. 445

[cxviii] [cxviii] Barz, , in: Heitmeyer , S. 448

[cxix] Neuhoff, M.: „Transformation kennt kein Heimatland". New Age-Anbieter und dihre Interaktion mit dem sozialräumlichen Umfeld, in: Greverus, I.-M./Welz, G. (Hg.): Spirituelle Wege und Orte, a.a.O., S. 39 in: Barz, , in: Heitmeyer , S. 449

[cxx] Barz, , in: Heitmeyer , S. 450

[cxxi] Stenger, H.: Der „okkulte" Alltag. Beschreibungen und wissenssoziologische Deutungen des „New Age", in: Zeitschrift für

Soziologie, 18.Jg. (1989), S. 119-135 in: Barz, , in: Heitmeyer , S. 450

[cxxii] ebd. S. 452

[cxxiii] ebd. S. 453

[cxxiv] Ziehe, T.: Vorwärts in die 50ger Jahre? Lebensentwürfe im Spannungsfeld von Postmoderne und Neokonservativismus, in: Baake, Jahren, Weinheim/ München, 1985, S. 210 in Barz, , in: Heitmeyer , S. 453

[cxxv] Literaturangabe fehlt in: Barz, , in: Heitmeyer , S. 454

[cxxvi] ebd. S. 454

[cxxvii] ebd. S. 455

[cxxviii] ebd.

[cxxix] Klinger, C.: Faschismus – der deutsche Fundamentalismus?, in: Bohrer, k.H./Scheel, K.: Gegenmoderne?, a.a. O., S. 784 in: Barz, , in: Heitmeyer , S. 455

[cxxx] Barz, , in: Heitmeyer , S. 455

[cxxxi] Keupp, H.: Fundamentalismus, in.: Dunde, S.R. (Hg.): Wörterbuch der Religionsphilosophie, Gütersloh, S.118-125, in: Barz, , in: Heitmeyer , S. 456

[cxxxii] Barz, , in: Heitmeyer , S. 458

[cxxxiii] ebd.

[cxxxiv] Schmidtchen, G.: Ethik und Protest. Moralbilder und Wertekonflikte junger Menschen, Opladen, S. 30 in: Barz, , in: Heitmeyer , S. 456

[cxxxv] Barz, H.: Postmoderne Religion Religion am Beispiel der jungen Generation in den alten Bundesländern, Jugend und Religion, Bd. 2 Opladenb, S. 249, in: Barz, , in: Heitmeyer , S. 459

[cxxxvi] ebd.

[cxxxvii] Inglehart, Ronald, : Kultureller Umbruch. Wertewandel in der westlichen Welt, Frankfurt/NewYork, S. 226ff. in Barz, , in: Heitmeyer , S. 460

[cxxxviii] Inglehart, Ronald, : Kultureller Umbruch. Wertewandel in der westlichen Welt, Frankfurt/NewYork, S. 225 in: Barz, , in: Heitmeyer , S. 460

[cxxxix] Barz, , in: Heitmeyer , S. 460

[cxl] Eiben, J.: Kirche und Religion – Säkularisierung als sozialistisches Erbe?, in: Jugendwerk der Deutschen Shell AG (Hg.): Jugend '92. Lebenslagen, Orientierungen und den Entwicklungsperspektiven im vereinigten Deutschland, Bd. 2; Opladen, s. 100;
Barz, H.: Postsozialistische Religion am Beispiel der jungen Generation an den neuen Bundesländern, Jugend und Religion, Bd. 3 Opladen, S. 199;
Melzer, W.: Jugend und Politik in Deutschland. Gesellschaftliche Einstellungen, Zukunftsorientierungen und Rechtsextremismus-Potential

Jugendlicher in Ost-und Westdeutschland, Opladen, S. 108ff;
in: Barz, , in: Heitmeyer , S. 430

[cxli] Barz, , in: Heitmeyer , S. 461

[cxlii] Heitmeyer (Hg.), Was Treibt die Gesellschaft auseinander?, edition Suhrkamp, Frankfurt am Main, S.48

[cxliii] Kalweit, H.: Die Welt der Schamanen, Fischer, Frankfurt am Main, 1988, S.8: „[...] *verweist der Schamane auf die Lebendigkeit allen Seins, auf die globale, auf allen Ebenen gegebene Beziehung zu sämtlichen Wesen und Dingen – und auf das Erfülltsein des Universums mit einer schöpferischen Essenz, die die normale Existenz transzendiert und ihr inneren Zusammenhalt gibt.*"

[cxliv] Sander Uwe, Die Bindung der Unverbindlichkeit, Suhrkamp, Frankfurt am Main.

[cxlv] ebd. S. 11

[cxlvi] ebd. S. 16

[cxlvii] ebd. S.17

[cxlviii] ebd. S. 21

[cxlix] Radtke, Frank-Olaf, Lob der Gleichgültigkeit, Zur Konstruktion des Fremden im Diskurs der Multikulturalität, in: Bielefeld, Ulrich (Hg.): Das Eigene und das Fremde. Neuer Rassismus in der Alten Welt?, Hamburg, S. 79-96 in: Sander, S. 21

[cl] Sander , S. 22

[cli] ebd. S. 27

[clii] ebd. S. 30

[cliii] ebd. S. 33

[cliv] ebd. S. 34

[clv] ebd. S. 41

[clvi] ebd. S. 45

[clvii] ebd. S. 46

[clviii] Bukow, W.-D./Llaryora,R., Mitbürger aus der Fremde, Soziogenese ethnischer Minderheiten, Opladen In: Sander, S. 65

[clix] Sander, S. 67f.

[clx] ebd.

[clxi] ebd. S. 70

[clxii] ebd. S. 73

[clxiii] ebd. S. 75

[clxiv] ebd. S. 78

[clxv] ebd. S. 81/82

[clxvi] Baake, Dieter, Jugend und Subkultur, München, 1973, S.17 in: Sander, S. 82

clxvii Sander, S. 82

clxviii ebd. S. 83

clxix ebd. S. 85

clxx ebd.

clxxi ebd. S. 91

clxxii ebd. S. 108

clxxiii ebd. S. 110

clxxiv ebd. S. 111

clxxv ebd. S. 114

clxxvi ebd. S. 115

clxxvii Nassehi, Armin, Inklusion, Exklusion-Integration, Desintegration, in: Heitmeyer, ´(Hg.): Was hält die Gesellschaft zusammen?, Frankfurt/am Main, S. 113-149, in: Sander, S. 115

clxxviii ebd. S. 119

clxxix ebd. S. 120 f.

clxxx ebd. S. 147

clxxxi ebd. S. 148

clxxxii ebd. S. 156

clxxxiii ebd. S. 157

clxxxiv ebd. S. 169

clxxxv ebd. S. 189

clxxxvi ebd. S. 190

clxxxvii Der Spiegel, Nr.31, 2.8.1999, S. 120 ff.

clxxxviii Rorty, Richard, Kontingenz, Ironie und Solidarität, Suhrkamp, Frankfurt am Main

clxxxix ebd. S. 11

cxc ebd.

cxci ebd. S. 12

cxcii ebd.

cxciii ebd.

cxciv ebd. S. 13

cxcv ebd. S. 22

cxcvi ebd. S. 23

cxcvii ebd. S. 29

cxcviii ebd.

cxcix ebd. S. 30

cc Davidson, Donald, Was Metaphern bedeuten, in: Wahrheit und Interpretation, Frankfurt a, Main, Suhrkamp, 1986, in: Rorty, S. 34

cci Rorty, S. 37

ccii Davidson, Donald, A Nice Derangement of Epitaphs, in, Lepore, (Hg.),

Truth and Interpretation, in: Rorty, S. 38
[cciii] Rorty, S. 39
[cciv] Hesse, Mary, The Explananatory Function of Metaphor,   in: Revolutions and Reconstructions,   in: the Philosophy of Science, Bloomington: Indiana University Press, 1980) in: Rorty, S. 42
[ccv] Rorty, S. 42
[ccvi] ebd. S. 49
[ccvii] ebd. S. 50
[ccviii] ebd. S. 50/51
[ccix] ebd. 52
[ccx] ebd. S. 53
[ccxi] ebd.
[ccxii] ebd.
[ccxiii] ebd. S. 58
[ccxiv] ebd. S. 58/59
[ccxv] ebd. S. 60
[ccxvi] ebd.
[ccxvii] ebd. S. 63
[ccxviii] ebd. S. 69
[ccxix] ebd.
[ccxx] ebd. S. 71
[ccxxi] ebd. S. 79
[ccxxii] ebd. S. 83
[ccxxiii] Uhlig, Helmut, Buddha, Bertelsmann-Club, Gütersloh, S. 81-101
[ccxxiv] Rorty, S. 84
[ccxxv] ebd.
[ccxxvi] ebd. S. 85
[ccxxvii] ebd. S. 95
[ccxxviii] ebd. S. 98
[ccxxix] ebd. S. 100
[ccxxx] Oakeshott, MichaelOf Human Conduct, Oxford: Oxford University Press 1975, S.78-79 in: Rorty,   S. 106
[ccxxxi] Rorty, S. 106/107
[ccxxxii] Sellars, Wilfrid, Science and Metaphysics, London, Routledge & Kegan Paul, 1968, Kap. 6-7. in: Rorty, S. 108
[ccxxxiii] Rorty, S. 109
[ccxxxiv] ebd. S. 110
[ccxxxv] ebd. S. 113
[ccxxxvi] ebd. S. 120

[ccxxxvii] ebd. S. 121
[ccxxxviii] ebd.
[ccxxxix] ebd. S. 122
[ccxl] ebd. S. 127
[ccxli] ebd. S. 131
[ccxlii] ebd.
[ccxliii] ebd. S. 137
[ccxliv] ebd. S. 138
[ccxlv] ebd. S. 144
[ccxlvi] ebd. S. 145
[ccxlvii] ebd. S. 147
[ccxlviii] ebd. S. 149/150
[ccxlix] ebd. S. 151
[ccl] ebd. S. 156/157
[ccli] ebd. S. 159/160
[cclii] ebd. S. 306
[ccliii] ebd. S. 319
[ccliv] ebd. S. 313
[cclv] ebd. S. 320
[cclvi] Hondrich, Karl Otto; Koch-Arzberger, Claudia; Solidarität in der modernen Gesellschaft, Fischer, Frankfurt am, Main, S. 7
[cclvii] Hondrich/Koch-Arzberger, S. 9
[cclviii] ebd. S. 19/20
[cclix] ebd. S. 21
[cclx] ebd. S. 24
[cclxi] ebd. S. 25
[cclxii] ebd.
[cclxiii] ebd. S. 26
[cclxiv] ebd. S. 28
[cclxv] ebd. S. 31
[cclxvi] ebd. S. 31-34
[cclxvii] ebd. S. 38
[cclxviii] ebd. S. 40
[cclxix] ebd. S. 41
[cclxx] ebd. S. 42
[cclxxi] ebd.
[cclxxii] ebd. S. 51
[cclxxiii] ebd. S. 52
[cclxxiv] ebd. S. 54

cclxxv ebd.

cclxxvi ebd. S. 55

cclxxvii ebd.

cclxxviii ebd.

cclxxix ebd. S. 56/62

cclxxx ebd. S. 63

cclxxxi ebd. S. 80

cclxxxii ebd. S. 80

cclxxxiii ebd. S. 82

cclxxxiv ebd. S. 88

cclxxxv ebd. S. 93

cclxxxvi ebd. S. 114

cclxxxvii ebd. S. 115

cclxxxviii ebd. S. 119

cclxxxix ebd.

ccxc Bauman, Zygmunt Postmoderne Ethik, Hamburger Edition, HIS Verlags. MbH, Hamburg,

ccxci ebd. S. 12

ccxcii ebd. S. 13

ccxciii Freud, Sigmund, Totem und Tabu, I. Inzestscheu, in: Essays I, Böhlau, Wien und Volk und Welt, Berlin, 1988, S. 320ff.: „[...] Von diesen *armen, nackten Kannibalen* werden wir gewiß nicht erwarten, dass sie im Geschlechtsleben in unserem Sinne sittlich seien, ihren sexuellen Trieben eine hohes Maß von Beschränkung auferlegt haben. Und doch erfahren wir, dass sie sich mit ausgesuchtester Sorgfalt und peinlichster Strenge der Verhütung inzestuöser Geschlechtsbeziehungen zum Ziele gesetzt haben. [...]"

ccxciv Bauman, Zygmunt Postmoderne Ethik, Hamburger Edition, HIS Verlagsges. MbH, Hamburg, S. 13

ccxcv ebd. S. 14

ccxcvi ebd. S. 15

ccxcvii ebd. S. 23

ccxcviii ebd.

ccxcix ebd. S. 24

ccc ebd. S. 25

ccci ebd. S. 26

cccii ebd. S. 27

ccciii ebd. S. 28

ccciv ebd. S. 17

[cccv] ebd. S. 19

[cccvi] ebd.

[cccvii] ebd. S. 20

[cccviii] ebd. S. 22

[cccix] ebd. S. 26

[cccx] ebd.

[cccxi] ebd. S. 28

[cccxii] ebd. S. 34

[cccxiii] ebd. S. 36

[cccxiv] Carroll, John, Humanism: The Rebirth and Wreck of Western Culture, London, Prologue, in: Bauman, , S. 41

[cccxv] Bauman, , S. 41/42

[cccxvi] ebd. S. 45

[cccxvii] ebd. S. 47

[cccxviii] ebd. S. 47

[cccxix] ebd. S. 51

[cccxx] ebd. S. 53

[cccxxi] ebd. S. 54

[cccxxii] ebd. S. 55

[cccxxiii] ebd. S. 56

[cccxxiv] ebd. S. 57

[cccxxv] ebd. S. 58

[cccxxvi] ebd. S. 79

[cccxxvii] ebd. S. 81

[cccxxviii] ebd. S. 83

[cccxxix] Fourastie, Jean, Essais de morale prospektive, Paris, 1966, S. 29 in: Bauman,, S. 97

[cccxxx] Bauman,, ebd.

[cccxxxi] Dowie, R.S. und Talfer, Elisabeth, Respect for Persons, 1969, London, S. 42, Sprigge, T.L.S., Theoretical Foundations of Ethiks, London, 1988, in: Bauman,, S. 101

[cccxxxii] Bauman,, S. 105

[cccxxxiii] ebd. S. 106

[cccxxxiv] ebd.

[cccxxxv] ebd. S. 108

[cccxxxvi] ebd. S. 203

[cccxxxvii] ebd. S. 208/209

[cccxxxviii] Goebel, Johannes, Clermont, Christoph, Die Tugend der Orientierungslosigkeit, Volk und Welz, Berlin

cccxxxix ebd. S. 49

cccxl ebd. S. 31

cccxli Krugmann, Paul, in. Spiegel-Gespräch, „Wir brauchen Helden" in: Der Spiegel, Nr 33, 8/99, S.86

cccxlii ebd.

cccxliii ebd.

cccxliv Die allgemeine Relativitätstheorie mit den noch nicht ganz zutreffenden Einsteinschen Gravitationsgleichungen wurde *1915* veröffentlicht, die Berichtigung erfolgte wenige Jahre später.

cccxlv Faschismus stellt das Gegenteil, der in dieser Arbeit geforderten Ganzheit dar, denn er symbolisiert für mich *abgespaltene Scham* und den Versuch, dieser durch Projektion auf die und der Vernichtung der „Feinde" zu entledigen, ein Mechanismus, dem sich einige Nazis sogar halbwegs bewußt waren, sonst hätte Heinrich Himmler den Leiter des Reichssicherheitshauptamtes und des Sicherheitsdienstes der SS (und als Nachfolger Hitlers gehandelten) Reinhardt Heydrich nicht dafür gelobt, dass dieser den fünfzigprozentigen Anteil jüdischen Blutes in seinen Adern so hasse. (Quelle unbekannt.)

cccxlvi Arden, Harvey, Wall, Steve, Hüter der Erde, Freder King &Thaler

cccxlvii ebd. S. 124